商标权战略与企业价值研究

Research on Trademark Strategy and Enterprise Value

张烜 著

中国社会科学出版社

图书在版编目（CIP）数据

商标权战略与企业价值研究：基于上市公司驰名商标认定后的经验数据／张烜著．—北京：中国社会科学出版社，2018.5

ISBN 978－7－5203－2916－3

Ⅰ．①商…　Ⅱ．①张…　Ⅲ．①企业—商标权—研究—中国
Ⅳ．①D923.434

中国版本图书馆CIP数据核字(2018)第172235号

出 版 人　赵剑英
责任编辑　张　潜
责任校对　夏慧萍
责任印制　王　超

出　　版　中国社会科学出版社
社　　址　北京鼓楼西大街甲158号
邮　　编　100720
网　　址　http://www.csspw.cn
发 行 部　010－84083685
门 市 部　010－84029450
经　　销　新华书店及其他书店

印　　刷　北京君升印刷有限公司
装　　订　廊坊市广阳区广增装订厂
版　　次　2018年5月第1版
印　　次　2018年5月第1次印刷

开　　本　710×1000　1/16
印　　张　11
插　　页　2
字　　数　170千字
定　　价　48.00元

自　序

商标，不仅是区别不同经营者产品或服务的一种标志，而且是产品或服务质量、信誉、知名度的载体，凝聚了企业投入的大量技术和资本，构成企业重要的无形资产，也成为企业参与市场竞争、获取竞争优势的重要方式。2008 年国务院发布了《国家知识产权战略纲要》，其中第 4 条明确规定："实施国家知识产权战略，大力提升知识产权创造、运用、保护和管理能力。"商标的注册伴随着商标权的产生，商标权是知识产权的重要组成部分，商标权战略随着我国市场经济的发展和竞争的加剧，正以越来越高的频率出现在经济生活中，它所带来的显著市场效应和经济利益日益受到企业的重视。商标权战略的实施需要转化为一系列具体的战术行为，即商标策略，包括设计、注册、宣传、运用、管理和保护等内容。目前我国企业商标权形成、运用、保护和管理活动尚处于初级阶段，迄今为止，理论界对于商标权战略的内涵还没有形成统一的观点和认识，对于如何合理、有效地实施商标权战略仍然各抒己见，商标权战略对企业价值的影响也有待进一步研究。如何系统地开展商标权战略相关活动，提高企业的市场生存能力，是企业必须重视的问题。

本书以中国上市公司商标权作为研究对象，以上市公司获得驰名商标认定后"品牌效应"的放大为研究契机和基础，按照国务院发布的《国家知识产权战略纲要》，将商标权战略细分为运用、管理和保护三个方面，通过定性与定量的分析方法探讨上市公司获得驰名商标认定后，商标权的运用、管理和保护活动对企业价值的影响，并针对企业商标权战略活动的现状，提出相应的政策建议。研究发现，整体上商标权战略对企业价值存在提升作用，商标权战略通过商标资产作用于企业价值，商标权运用、管理和保护的具体措施能够增加企业商标资产价值，最终提高企业价值。

本书是国家社会科学基金项目《基于公允价值计量属性的商标权价值评估制度体系研究》（13BFX126）的阶段性研究成果，在商标权运用、商标权管理、商标权保护和企业价值的相关研究等方面，丰富了相关理论基础和实践经验。由于我国企业商标权战略的研究目前尚处于起步和发展阶段，许多问题还需进一步深入，本书的内容一定存在许多问题和不足，敬请读者予以指正。

2017 年 5 月 25 日

于中央财经大学

目　录

图表目录

第一章

引　言

本章作为本书的开篇，将在阐述学术问题和现实环境的基础上提出研究问题、主要内容和框架，总结并概括出本书的研究方法、技术路线和研究意义，为全书的研究定下基调和主旨。

第一节　研究背景与意义

一　研究背景

（一）国家知识产权战略实施的内在要求

商标，不仅是区别不同经营者的产品或服务的一种标志，而且是产品或服务质量、信誉、知名度的载体，凝聚了企业投入的大量技术和资本，构成企业重要的无形资产，也成为企业参与市场竞争、获取竞争优势的重要方式。2008 年国务院发布了《国家知识产权战略纲要》（国发〔2008〕18 号），其中第 4 条明确规定："实施国家知识产权战略，大力提升知识产权创造、运用、保护和管理能力，有利于增强我国自主创新能力，建设创新型国家；有利于完善社会主义市场经济体制，规范市场秩序和建立诚信社会；有利于增强我国企业市场竞争力和提高国家核心竞争力；有利于扩大对外开放，实现互利共赢。必须把知识产权战略作为国家重要战略，切实加强知识产权工作。"商标的注册伴随着商标权的产生，商标权是知识产权的重要组成部分，商标权战略随着我国市场经济的发展和竞争的加剧，正以越来越高的频率出现在经济生活中，它所带来的显著市场效应和经济利益日益受到企业的重视。我国企业商标权形成、运用、保护和管理活动尚处于初级阶段，无论是在相关法律法规的建设以及理论研究方面都存在着一些问题，如何系统地开展商标权战略相关活动，提高企业的市场生存能力，成为中国企业必须重视的问题。

（二）我国商标的数量增长与质量提升失衡现象严重

从1982年我国建立商标制度，国内商标的申请量和批准量快速增长，据国家知识产权局统计，“十二五”规划以来商标申请量年均增长率在20%以上，截至2015年12月底，我国商标累计注册量为1200余万件，已连续14年居世界第一，但是我国商标数量的突飞猛进与商标质量的滞后发展形成鲜明的对比。一方面，我国国际知名的商标品牌较少，国际竞争力有待增强，2015年，由世界品牌实验室编制的2015年度《世界品牌500强》排行榜中，美国占228席，排名第一；英国以44个品牌位居第二；日本、中国分别以37个和31个品牌位居第二阵营。另一方面，我国虽然已是商标大国，但商标的含金量却不高，每千亿美元GDP，美国是由2175件商标创造出来，而我国是由12071件商标创造出来。也就是说，美国平均每件商标产生的实际经济效益是中国的6倍，这说明中国商标创造效益能力比较弱。从商标权的形成来看，商标权与专利权、著作权等知识产权比较申请相对容易，但是更多的商标数量并不能为企业价值带来太多贡献，商标的附加值是需要企业加大投资去经营的，企业拥有的、能够代表核心竞争力的知名商标才能真正带来市场价值（冯仁涛等，2013）。目前大部分企业缺乏自主知名商标，商标创建、品牌培育、品牌保护没有长期规划，自主品牌发展意识淡薄，这也是我国企业在国际市场竞争中利润微薄和生存艰难的重要原因。

（三）企业商标权运用、管理、保护存在诸多问题

从商标的运用来看，目前商标注册领域存在大量未使用的闲置商标[①]，商标资产闲置导致资源的浪费，侵占了有限的商标资源，影响社会资源合理配置，限制了企业的正常商标注册需求，不利于企业的品牌培育与创新活动，如何提高企业商标运用效率，盘活闲置商标，建立良好的市场竞争环境已成为政府部门和企业目前亟待解决的问题。从商标权管理来看，目前商标权管理活动大多从法律视角进行，未能从多种视角考虑影响商标权管理的影响因素，比如考虑财务因素、消费者及其购买力因素对商标权管理的影响（刘红霞，2013）；而且局限于一般性的管理，偏重商标的静态归属与拥有，忽视其动态利用与优化，在决策、科研与市场营销中很少运用商标管理策略来促进发展（张莉，2006）。从商标权的保护来看，企业商标的注册伴随着商标权的产生，商标权作为知识产权的一种，具有无形性、专有性、时间性、地域性等特征，这些特征使得商标权外部性强、容易被侵权、管理较为困难（吴汉东等，2009；肖延高等，2011）；不仅如此，商标权作为一种私权，形成商标的标识符号却是公共资源，它意味着有一部分处于公共领域内的资源划入了个体利益，某种程度上商标权的存在增加了市场竞争成本，如果不加以控制，就会产生权利滥用，甚至威胁到公共利益（薛江阔，2007）。

二　研究意义

商标权战略对市场经济的发展有巨大的推动作用，而且随着市场经济的发展，市场对商标权形成、运用、管理和保护的需求和要

①　所谓闲置商标是指已经获得国家商标注册部门审批但尚未投入使用，或者中止使用的尚在有效期的注册商标。

求不断变化，然而，迄今为止理论界对于商标权战略的内涵还没有形成统一的观点和认识，对于如何合理、有效地实施商标权战略仍然各抒己见，商标权战略对企业价值的影响也有待进一步研究。总之，本书的研究既有重要的理论意义，也有较强的实践价值。

（一）理论意义

（1）结合经济学、管理学、法学的研究视角，界定和诠释商标权价值的构成，为企业构建商标权战略框架奠定基础。商标权是知识产权的重要组成部分，本书结合商标权的产权特点，从经济属性和法律属性阐述其价值形成，为更加全面、有效地构建商标权形成、运用、管理和保护战略框架奠定基础。

（2）整理归纳相关研究数据，深入分析商标权各个战略环节的构成要素，为企业商标权战略的具体实施提供方向。商标权战略对于企业知识产权管理活动有重要意义，本书结合企业自身状况、市场环境和知识产权制度条件等多方面的因素分析商标权战略环节的具体构成要素，为企业进行商标权形成、运用、管理和保护活动提供方向。

（3）采用实证研究方法，检验商标权战略不同环节对企业价值的影响作用，为企业商标权战略的有效实施提供科学的理论依据。由于数据的限制，以往商标权战略研究多为规范性研究，研究大部分集中于商标权战略某一个具体环节中，本书结合实证研究方法，探讨商标权整个战略体系对商标资产及企业价值的影响作用，为企业完善商标（品牌）形成、运用、管理和保护活动提供了理论支持和科学依据。

（二）实践意义

（1）通过对商标权价值形成过程的梳理，引导企业增强商标权资产的产权意识，可透视企业商标权战略管理中的优势和劣势，使管理活动更具有针对性，对商标权价值和企业市场价值的提高具有积极的意义。

（2）通过分析商标权战略环节的构成要素，研究商标权战略对企业价值的具体影响，加强了知识产权法规建设的准确性和现实适用性，也符合商标权法律规范的要求；促使企业高度重视在商标的形成、运用、管理和保护过程中的价值管理，提高企业的核心竞争力。

（3）商标权战略作为国家知识产权战略的重要组成部分，是“十二五”规划的重要内容，提升商标权形成、运用、管理和保护能力，可以增强企业自主品牌的自主创新能力，增强政府对商标权的管理与保护力度，规范市场秩序和建立诚信社会，提高我国企业市场竞争力和国家核心竞争力，全面、有效地实施国家知识产权战略。

第二节　研究目标

本书的研究目标主要包括两个方面：一是结合商标权价值形成内涵，分析商标权形成、运用、管理和保护各个战略环节的构成要素；二是检验商标权战略不同环节对企业价值的影响作用，为企业商标权战略的有效实施提供科学的依据。

商标权的实质是商标所有人因其对商标的占有与支配而与非商标所有人之间发生的法律关系。商标权具有价值，商标权价值形成过程实质上是一个价值法律化和法律价值化的过程：一方面由于商誉价值自身的特点，商誉价值主要不是体现在使用价值上，而是体现在独占性或间接控制性产生的期待利益中，商标乃至商标权的存在满足了商誉产权化的载体要求，使得商誉能够通过商标在市场上进行识别和转让，符合经济发展需要，商标权的法律属性得到重视和发展，商标权价值完成法律化过程；另一方面，在商标权价值形成中，商标权的法律属性对商标权价值也产生了巨大的影响，商标权的转让、拍卖、抵押等交易活动无不考虑商标法律保护状况，这些因素直接或间接地作用于商标权的价值，商标权的法律属性同时也进行着价值化的过程。只有厘清商标权价值形成来源，才能有效地构建商标权形成、运用、管理和保护战略框架。

2008年国务院发布的《国家知识产权战略纲要》将知识产权从业务角度分为“创造、运用、保护和管理”四个部分，考虑到商标权是知识产权的重要组成部分，商标权价值形成过程与专利、版权、商业秘密等略有不同，可以将企业商标权战略分为形成、运用、保护和管理四个关键业务领域。在企业视角下，商标权战略的重点是商标权价值管理，商标权价值不仅体现为商标产生的经济利益，而且受到商标权法律保护状况的影响，商标权战略的四个环节结合了商标权价值内涵中的经济特征和法律特征，这对于明确商标权价值属性、科学诠释商标权价值形成、完善商标权战略、增强商标权保护力度、切实落实我国知识产权战略的有效实施都具有十分重要的意义。

商标是企业的名片，是企业实力、特色和文化的象征，代表着企业的核心竞争力。实施企业商标权战略，有利于企业增加自主品牌的拥有量，提升企业运用商标参与市场竞争的能力。商标权战略包括形成、运用、管理和保护四个环节，商标权形成是企业商标权战略实施的基础，包括商标标识本身的创造和商标的法律认定过程。商标权运用是指以商标的专有性为基础，对商标权进行合理使用积累企业财富的过程；商标权管理是企业形成、保护、运用商标权时进行的全程管理，可以促进商标权价值的良性发展；商标权保护确保企业在经营管理过程中创造的标识利益能够牢牢附着于拥有的商标上，是实现商标权价值的基本条件。商标权战略四个环节相互作用、紧密联系，建立、完善企业商标权战略，深入分析商标权战略对企业价值的影响，可以引导企业增强商标权资产的产权意识，透视企业商标权战略活动中的优势和劣势，对提升商标权价值和企业市场价值具有积极的意义。

第三节　研究问题界定

本书研究的商标权与商誉、品牌等概念既有联系又存在区别。商誉、商标、商标权与品牌之间的关系可以理解为：企业在长期的经营过程中，由于优越的地理位置、良好的口碑、独占特权和管理有方等原因，形成了企业的商誉，获得了比同行业企业更多的超额利润，提升了企业价值；由于商誉具有无形性、不可辨认性的特点，商誉吸引能力的反映与传达机制等方面的偶然变化都会在价值上引起巨大影响，商誉具有价值性而值得保护，商标乃至商标权的存在满足了商誉产权化的载体要求，使得商誉能够通过商标在市场上进行识别和转让，符合经济发展需要；最终通过企业对自身商誉的细心建设与经营——商标权的运用与管理，以及法律对商誉载体——商标权的保护，企业在竞争市场上形成并发展了特有的产品、服务、文化、个性、消费群体等，具体体现为企业品牌。

企业商标权战略是企业知识产权战略的一部分，是现代企业的一种基本战略，它主要是通过对商标的精心选择和培育来提高其知名度，使其有效地传达企业形象和产品质量，借以实现企业产品占有市场的目标。商标权战略的实施需要转化为一系列具体的战术行为，即商标策略，包括设计、注册、宣传、商标权运用和管理以及商标权保护等内容。

企业商标权形成是企业商标权价值发展和创造的原动力，商标权形成包括两方面内容：一是指对商标权本身的创造；二是对已形成的商标进行辨认、分析，依法升格为商标权获取法律保护。由于商标权形成过程相关数据的限制和不可获得性，无法对该过程与企业价值相关性做出独立的实证检验，只能一方面从理论上做出阐释，另一方面考虑到商标权形成商标权价值来源的起点，加之本书主要的研究数据均为企业已注册商标且商标权权属稳定，表明商标权已基本形成，贯穿于商标权运用、管理和保护三个环节，因此，企业商标权形成与企业价值之间关系的研究在后面章节均得以验证。

企业商标权运用是指以经营为目的，将商标用于商品、商品包装或者容器上；用于服务或者与服务有关的物件上；用于商品或者服务交易文书上；或者将商标用于商品或者服务的广告宣传、展览以及其他商业活动中，足以使相关公众认其为区别该商品或者服务来源的标志的实际使用。商标权运用是企业在激烈竞争中取得优势的关键因素，应包括企业所实施的商标权定位策略、商标权延伸策略、商标权投资策略、商标权连锁经营等内容。

企业商标权管理是指企业为获取与保持市场竞争优势，在商标所涉及的企业生产经营活动的各个方面对商标进行系统规划和协调的过程，既包括对有形商业标记的管理，也包括对无形商标权和商标资产的管理。正确完善的管理可以在很大程度上降低商标在使用过程中的风险，不断增加无形资产的积累，因此从某种意义上讲，企业商标管理是企业资产管理的一部分。

企业商标权保护是商标注册人依法对商标进行保护的行为与活动，以确保商标注册人享有用以标明商品或服务，或者许可他人使用以获取报酬的专用权，而使商标注册人及商标使用人受到保护。商标权保护是品牌竞争的重要组成部分，对商标进行有力的保护，才能维护品牌的信誉。

第四节　研究内容与框架

一　研究内容

本书是以中国上市公司商标权作为研究对象，按照2008年国务院发布的《国家知识产权战略纲要》具体内容，将商标权战略细分为运用、管理和保护三个方面，通过定性与定量的分析方法探讨上市公司获得驰名商标认定后，商标权的运用、管理和保护活动对企业价值的影响，并针对企业商标权战略活动的现状，提出相应的政策建议。具体过程如下：在企业商标权运用过程中，主要分析商标定位策略和商标延伸策略对商标资产及企业价值的影响，并对企业商标权运用方式、方法和有效性等问题进行研究并提出相关建议；在企业商标权管理过程中，主要分析商标权管理中的营销活动与研发活动，考察营销活动、研发活动对企业商标资产及企业价值的作用机理并提出相关建议；在商标权保护过程中，主要研究商标权保护的地区差异对企业价值的影响；最后，根据理论分析和实证检验结果，从商标权运用、管理和保护三个方面提出提高企业价值的一系列政策建议。

本书共分为七章，各研究章节的主要内容如下。

第一章为引言。主要介绍本书的研究渊源，对全书做一个基础性介绍，具体包括：背景与意义、研究目标、研究问题界定、研究内容与框架、研究方法等。

第二章为文献回顾与评述。本章主要围绕商标权战略和企业价值的相关文献展开，分别回顾了国内外已经取得的重要研究成果。首先从商标权价值形成角度整理了商标权概念的相关文献，分别介绍了商誉、商标、商标权、品牌的价值形成与相互联系；其次介绍国内外商标权形成、运用、管理和保护的相关制度；最后，以商标权战略与企业价值的关系作为研究的重点，分别从商标权形成、运用、管理和保护方面梳理相关文献。

第三章为制度背景分析与相关理论基础。本章主要介绍本书研究的基石，包括制度背景与理论基础。制度背景方面主要介绍了中国知识产权战略的发展历程、发展现状、基本内容等信息，并对商标权战略进行介绍；理论基础方面重点介绍企业资源理论、企业声誉理论和企业价值理论。

第四章为商标权运用与企业价值研究。商标权运用策略中最主要的内容为：商标定位策略和商标延伸策略，本章重点考察两种运用策略对商标资产和企业价值的影响，并在不同企业所有权性质、企业技术特征条件下，进一步检验商标权运用与企业价值之间的关系。

第五章为商标权管理与企业价值研究。在企业商标权管理过程中，本章主要考察商标权管理中的营销活动与研发活动对商标资产和企业价值的影响，并在不同企业所有权性质、企业技术特征条件下，进一步检验商标权管理与企业价值之间的关系。

第六章为商标权保护与企业价值研究。本章主要考察知识产权保护的地区差异对商标资产和企业价值的影响，并在不同企业所有权性质、企业技术特征条件下，进一步检验商标权保护与企业价值之间的关系。

第七章为研究结论与相关建议，对以上各章的研究结论及主要贡献进行了归纳总结，并在此基础上提出相应的政策建议，同时客观指出本书研究的局限性，提出了未来研究的方向及需要进一步研究的问题。

二　研究框架

根据研究内容，本书的研究框架如图 1—1 所示：

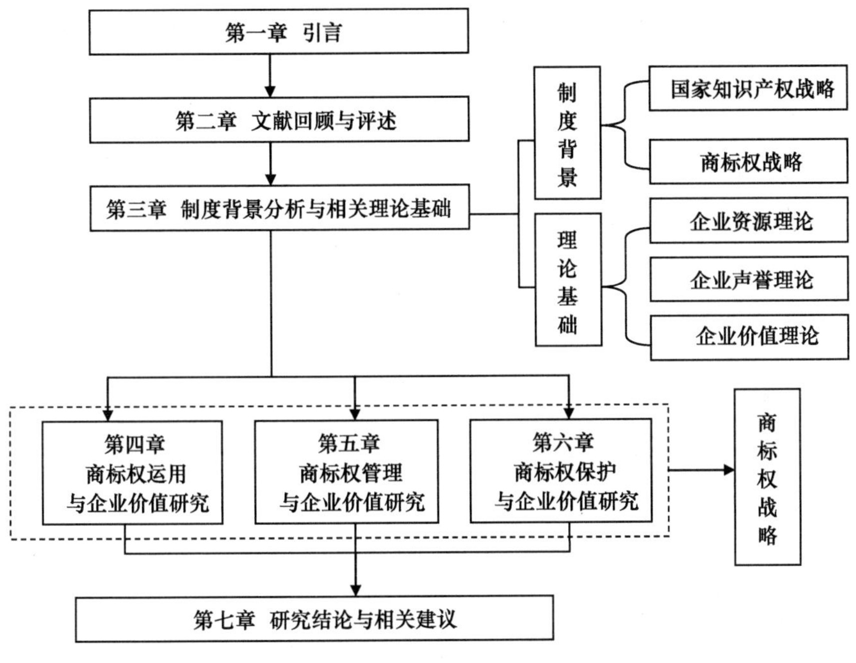

图 1—1　论文研究框架

第五节　研究方法与技术线路

一　研究方法

根据研究问题的需要，本书采用了规范研究与实证研究相结合、定性研究与定量研究相结合的方式，并遵循“文献阅读→提出模型与命题→调研收集数据→实证分析→形成研究结论”的基本研究思路。

（一）规范分析方法

通过广泛查阅国内外文献资料，了解相关理论的前沿和进展情况，通过对与商标权战略与企业价值的相关文献的搜集、归纳、综述来总结以往研究成果，并从中发现不足之处，深入分析商标权价值形成、商标权战略、商标权战略与企业价值的相关研究。此外，对企业商标权战略的分析是一个跨学科的研究领域，本书结合经济学、管理学、会计学、法学的概念、理论和分析方法进行相关研究。

（二）实证分析方法

本书选用Stata12.0统计软件作为分析工具，对收集的数据进行统计分析，将商标权运用、管理和保护对企业价值的影响做相关分析，主要采取的数据分析方法有描述性统计分析、相关性分析、方差分析、多元回归分析等，用此检验商标权战略对企业价值影响的研究模型。

二　研究的技术线路图

研究的技术线路如图1—2所示。

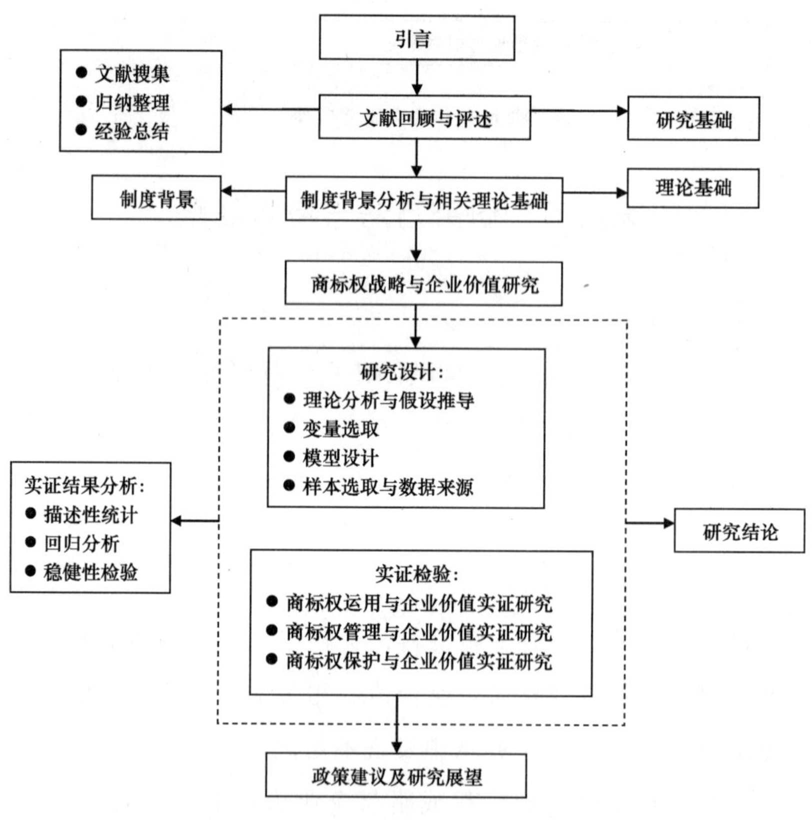

图1—2　研究的技术线路

第六节　研究创新

（1）本书主要采用实证研究方法考察商标权战略对企业价值的影响。由于知识产权在会计计价上的特殊性，相关财务数据获取困难，在以往国内、外研究文献中，采用实证方法研究知识产权与企业价值关系的文献并不太多，本书借鉴国外研究企业专利申请、专利管理等活动对企业价值影响的经典理论和相关文献，考察商标权战略对企业价值的影响，在方法上具有一定的特点。

（2）本书将企业商标权战略作为研究的切入点，以商标权战略对企业价值的影响作为落脚点，把两者有机结合起来，系统深入地考察了商标权形成、运用、管理和保护不同战略环节对企业价值的影响，加深了理论与实践中对企业商标、品牌资产的关注和重视，系统梳理了企业商标权战略的整个过程，补充了企业价值的相关研究。

（3）本书基于中国的制度背景、经济环境、法治环境，研究企业商标权形成、运用、管理和保护对企业价值的影响，丰富了知识产权相关领域的理论研究，也对企业资源理论、企业声誉理论和企业价值理论进行了有益的补充。

第二章

文献回顾与评述

第一节　商标权相关概念界定

一　商标权与商誉

在商标权的相关基础理论研究中，商誉与商标的法律关系一直是理论界关注的焦点。Mc Carthy（2008）是美国著名的商标法学者，他认为，“商标作为一类财产，之所以奇特，是因为它不能脱离与其标识的产品或服务所带来的商誉而独立存在”。还有学者指出，商标所承载的商誉一方面为商标权的取得提供了正当性基础，另一方面对商标权的保护范围和侵权认定标准起着决定性的作用。从这个意义上来看，商誉与商标权之间具有非常密切的关系，如影随形。具体来说，商誉是商标权价值的内在基础，而商标权价值则为商誉之外在表现，理解商誉内涵对商标权概念界定乃至价值形成有重要的意义。

对商誉的最初论断主要来源于法庭的一些判决，19 世纪中后期，经济和会计理论界才开始对商誉问题进行研究。经济学中，Edey（1962）对商誉的定义被广泛引用，他指出“商誉在经济学中应理解为组织的代名词”；而商誉的价值指的是“将持续经营的主体和新建立的主体就如下方面进行比较：（1）已存在于市场上的关系；（2）已存在于政府部门、非商业组织的关系；（3）已存在的私人关系等，这些关系的存在有利于获取超额利润……而这些要素与厂房和设备等不一样，它们不能从实体中分离出来而独立出售”。

会计学界针对商誉的概念已形成了如“好感价值观”“超额收益观”“无形资源观”“协同效应观”“核心能力观”“人力资本观”等诸多观点。Hendrikson（1992）从三个方面阐述了商誉的性质，称为“三元理论”。具体来说有三点。（1）“对企业好感的价值”，进一步来说“人们已经意识到商誉来源于企业间应有的和谐商业关系、企业与雇员间的融洽关系、客户对企业的好印象。这里所说的好感可能来源于企业所处的有利的地理位置、优良的口碑、独占性的特权以及出色的管理等”。（2）超额收益论。即商誉体现为预期未来收益的现值扣除正常报酬所获得的利润。此处主要指的是长期超额收益，因为短期超额收益有来自偶然因素的可能。（3）总计价账户论。商誉的概念产生于继续经营价值的概念和未入账资产的概念。即商誉包括以下两个方面：其一，商誉只是体现了企业实体中各项资产作为整体的价值数额，超过了整体中单个资产的累计加总；其二，商誉是计量了诸如优秀的管理、忠实的客户、有利的地点等因素而形成的未入账无形资产的结果。还有些学者对“协同效应观”持赞同态度，如Miller、Ronald、Hopkins和张鸣等。Miller（1973）指出：企业的整体价值大于各组成部分的加总，其原因是企业各个组成部分之间存在协同效应，这也是商誉的本质体现。Ma and Hopkins（1988）则认为，正是因为企业与其内外部均存在正向的协同效应，才使得商誉能够为企业带来超额利润。张鸣等（1998）从人力资本的角度认为，商誉最本质的要素是企业杰出的管理团队，正是企业杰出的管理团队的存在，才很好地解释了商誉的“好感价值论”等诸多理论。邓小洋（2000）在总结了目前会计界关于商誉的各种看法的基础上，指出商誉的本质是协同效应在企业各个构成要素间发挥作用的结果。董必武（2003）认为：商誉从形式上来说实际上是现行财务会计模式对企业竞争优势的一种复杂映射，从性质上来说其实质是企业竞争优势的外在表现。

法学中关于商誉的概念最早出于法庭论断，学者们普遍引用的定义是1810年英国法官所做出的论断，即“商誉指的是企业给客户的商业信誉”。《牛津法律大辞典》将商誉界定为：商誉始于企业自身的好品质，与顾客所处的环境相关，体现为企业所具有的良好品质。商誉与企业自身条件息息相关，具体来说取决于经营者的魅力、地理位置或二者的综合。此外，它还可以用来交易，或赠予他人，还可以通过诉讼的方式来维护所有人的权利。而日本的《新法律学辞典》将商誉界定为：“商誉（又称信誉），从狭义上来说可以理解为主顾，而从广义上来说可以理解为顾客关系、进货关系、营业名声以及营业秘诀等无形的经济利益的总称。因商誉的加入，营业具有了超过其本身单纯集合的财产价值。”而我国出现“商誉”一词源于20世纪80年代的相关法律文件中，早期对商誉的规定比较鲜见，仅能见于我国与他国订立的一些双边投资协定中，而在法律上也只承认商誉是一种无形财产而已，并没有给出明确的定义。

法律学者们就商誉的概念也进行了一些研究，梁上上（1993）认为：“商誉形成于商品的生产、流通以及与此有直接联系的经济行为中，是社会对其生产、产品、销售以及服务等多方面的综合反映。”吴东汉（2005）认为：商誉作为一种特殊的财产，其特殊性体现在它不能独立存在，必须被实物所承载。从法学的角度来说，商誉是一种信誉评价以及它能为企业带来经济利益，对这两方面的认识虽具有相似性，但在概念界定、内容属性等方面，学界尚未形成统一观点。

二　商标权与商标

关于商标的定义，主要有以下几种。

世界知识产权组织（WIPO）将商标界定为：商标是将某一工业、商业企业或企业集团的商品加以区别的一种标志。美国《兰哈姆法》将商标定义为：商标指的是按规定注册并拟用于商业活动中，以区分自己与别人的商品为目的，且能显示出商品来源的要素标志及其组合。于 1994 年修订的英国《商标法》将商标界定为：商标是指用以区分企业之间的产品或劳务的任何记号，该记号可以通过图像进行表示。于 2013 年修订的我国《商标法》将商标规定为：只要是能对自然人、法人、组织之间的产品进行识别的记号，均可以申请成为注册商标。鉴于上述对商标的定义，通常意义下的商标（Trademark）指的是为了将商品或服务与他人加以区别，生产者或经营者在商品及其包装上或服务标记上所标识的图像，最终体现为一种具有可视性特征的标志。

经注册后的商标称为注册商标，它受法律的保护，商标所有人依法对其享有相应的权益，而未注册商标则不能享有法律的保护。商标权指的是在法定期限内商品生产经营者依法享有的注册商标所带来的各种权利，通常来说，这些权利主要是指商标专用权、转让权、许可使用权与继承权等。注册商标在一定程度上能够防止商品或服务免遭假冒伪劣的侵害，能够有效地维护商标权人的商业信誉，同时对商标权人创立自身品牌也是非常有裨益的。

三　商标权与品牌

因商标权与品牌具有同源性，故二者的含义不易区分，二者的作用都是用来识别产品差异的，在商标权注册时，企业通常会将品牌图案化，以便二者的作用更加统一。然而，商标权仅是品牌的很小的一部分，商标权要想发展成品牌，还需要完善品牌的定位、个性以及管理等方方面面。简言之，商标权属于法律的范畴，而品牌属于市场的范畴。商标权的法律功能包括：一方面，通过与商标权相关的法律程序对其所有者的合法利益进行保护；另一方面，通过竭尽全力地确保产品的质量对商标的信誉加以维护。品牌的市场功能具体可理解为：企业与客户之间存在着一种无形契约，这种无形契约体现为品牌，它在客户的内心深处好似一道保险，使得客户更相信具有品牌的产品是物有所值的、值得购买的。

对品牌的内涵，学术界有不同的理解：Aaker（1991）认为品牌的意义不仅在于传递产品自身所具有的一些显性信息，如属性、用途等，也在于提示产品自身之外的一些隐性信息，诸如情感利益等。Keller（1998）指出：品牌是各种信息的综合体现，具有识别和区别的功能。通过品牌可以识别商品或劳务的目标消费群体，也可以将自己的商品或劳务与别人的加以区别，方便购买者从众多相似品或替代品中寻找到目标购买对象。Berthon et al.（1999）认为：相对不具有品牌的产品而言，具有品牌的产品可以为顾客带来多于产品自身功能的价值。这里所提到的价值除了包括降低企业与消费者间由于信息不对称所造成的风险之外，还包括附加于具有品牌产品中的特有的社会和心理认可。Kotler（2000）指出：所谓品牌不仅仅意味着一种记号、称谓和专业词汇，还意味着企业向消费者输送的一组特定的供给。简言之，最佳的品牌意味着对质量的保证，同时，品牌还表现为一种复杂的符号。作为一个品牌一般能对外传递如下信息：（1）品牌自身所具有的独特属性；（2）除了自身属性以外，品牌还能带来超额利益；（3）品牌传递的是生产者的价值理念；（4）品牌在一定程度上是企业文化的体现；（5）品牌有着自身特有的性质；（6）品牌还可以传递出相应产品的消费群体类型。

我国学者叶明海（2001）指出：生产者为满足客户的需求，提高其知名度，扩展市场份额，而在自己的产品或劳务上标注的记号，即所谓的品牌。艾丰（2001）指出：品牌是区别于有形资产和无形资产的第三种资产，传递的是生产者与客户间的关系，这种关系具体表现为客户对该品牌产品的认知度和依赖度；传递的也是生产者之间的关系，具体体现为具有品牌产品的生产者在同行中处于领头羊的位置；传递的还是生产者内部有形资产和无形资产之间的关系，二者协同作用才能确保品牌具有长久的生命力。张有绪（2009）指出：品牌传递的是生产者与客户间关系的信息，具体来说，品牌既是生产者对客户的一种诺言，也是客户对生产者的一种信任。李海鹏（2012）指出：品牌实际上是企业核心竞争力的具体体现，拥有品牌的企业所生产出来的产品有利于顾客在同类品中进行识别、比较和挑选，有利于通过日积月累的交易提升该品牌的价值。换句话来说，品牌传递了一种企业、企业生产的产品和服务与消费者三者间的无形契约关系。

四　国内外研究评述

总之，商誉、商标与品牌之间的关系可以理解为：企业在长期的经营过程中，由于优越的地理位置、良好的口碑、独占特权和管理有方等原因，形成了企业的商誉，获得了比同行业企业更多的超额利润，提升了企业价值；由于商誉具有无形性、不可辨认性的特点，商誉吸引能力的反映与传达机制等方面的偶然变化都会在价值上引起巨大影响，商誉具有价值性而值得保护，商标乃至商标权的存在满足了商誉产权化的载体要求，使得商誉能够通过商标在市场上进行识别和转让，符合经济发展需要；最终通过企业对自身商誉的细心建设与经营，以及法律对商誉载体——商标权的保护，企业在竞争市场上形成并发展了特有的产品、服务、文化、个性、消费群体等，具体体现为企业品牌。

第二节　商标权相关制度研究综述

理论界对有关商标权制度的研究主要以法学研究为主，包括商标权形成、使用、管理、保护制度方面的研究，研究内容广泛，成果颇丰。本书以与商标权价值相关的制度研究作为切入点，归纳整理主要观点。

一　商标权形成制度研究

商标权形成制度研究主要围绕商标权的两种取得方式——使用原则和注册原则加以展开。其中，前者是通过实际使用而取得；而后者是通过相关注册程序取得。相应地，其形成价值的研究主要也从这两个角度展开。

从传统意义上的商标理论来看，商标的注册实际上是一种公示制度，它不能因其已注册而受到法律的保护。而商标的注册行为也不能从无到有产生商誉，亦不能通过增加具有一定商誉的商标来增加商誉，唯有商标的使用才会产生、累积商誉。日本商标法学者小野昌延（1999）指出：通过商标注册产生的相关权利就像装载特定商誉的“器皿”，注册获得的排他性权利并非商标权的全部内容，注册人要想拥有商标所代表的商誉的财产性权利，还需将注册商标投入实际的使用中。因为根据商标法的规定，其保护的是商标及其所蕴含的商誉，故从这一意义上来说其关注的是商誉而绝非记号本身。与此类似，商标所有者关注的也应该是商誉而并非那个单纯的标记。简单来理解，商誉与商标如影随形，若商标脱离商誉而单独存在，至多是著作权法保护的作品而已。杨静（2009）认为：商标所承载的商誉决定了商标权的保护范围和商标侵权的认定标准，只有将商标应用于实践，商标才能通过内外兼修累积成商誉。刘春田（2010）认为：商标的功能决定了商标的价值，作为一种创造性的成果，商标本身并不具有多么大的价值，真正具有价值的应是在实践中的使用价值，这一使用价值需要在市场交易中通过价格最终体现出来。此外，在美国，商标权的基础是通过实践中对商标具体的使用而被消费者熟知的，商标的注册虽然使所有者具有了一些额外的权利，但就注册本身而言并未使商标的权利得以增加。

然而，不少学者认可商标注册制度的优越性，商标注册制度使具有财产属性的商标通过注册的方式从私人行会的枷锁中挣脱出来，跃入公共事务的眼睑。此外，注册有利于信息高效地管理，也为政府介入私人财产领域提供了一种公共途径。随着商标权理论研究的不断深入，商标权形成制度总的大趋势显示出商标注册制度越来越引起人们的关注，而使用取得模式有渐渐退出历史舞台的趋势。目前世界各国商标形成制度的现状是美国坚持使用原则、英国和法国等采用注册原则，而德国则采用二者混合原则。简言之，注册制度已成为主流，被越来越多的国家所采用，而使用取得模式在各个国家差异性非常大，难以形成统一的标准。即便有些国家采用使用取得模式，但注册制度在商标权形成制度中也发挥着不可替代的作用。刘华（2004）认为：在当今市场经济条件下，出于对效率的考虑，使得注册原则成为不二之选。任少刚（2008）认为：通过商标的标识，可以辨识出商品或劳务出自于哪个生产企业，这也是商标会成为保护对象的原因之一。徐聪颖（2010）指出：在现今这个竞争日益激烈的经济时代，企业的商标辨识度越高，越易于消费者从众多的相似品或替代品中加以辨认，而这将会对摆脱竞争对手的围追堵截、迅速抢占商机大有裨益。

从上述文献来看，我国理论界关于商标形成制度的争论也是基于使用原则与注册原则的角度，随着商品经济的不断发展，人们普遍意识到商标权具有财产权的特征，与商誉息息相关、如影随形并受到制约，而商标法所保护的恰恰是与商标密不可分的商誉。在实践中，由于商标注册原则便于商标权力的管理，符合我国目前的制度环境，在国际立法都趋于选择注册制度的大环境之下，我国也顺应潮流，采用了注册原则。

二　商标运用制度研究

各国商标权的运用状况与商标权相关制度的发展密不可分，总体而言，国外发达国家商标权法律、法规制度相对成熟，商标权运用制度的研究与发展也较充分。取得的成果主要包括：第一，就商标使用保护的本质和统一性而言，论证了知识产权具有财产权属性，提出了商标保护的财产化（propertization）理念；第二，基于商标权的产权属性，明确商标权价值所在，普遍认为商标权的真正价值是其构成了企业战略的一部分，具体表现为资产增值、研究开发和企业发展整体营销战略；第三，结合各国的知识产权战略，提出具体的企业商标权运用策略，并建立相关评价指标体系。

基于企业资源理论，Barney（1991）和 Grant（1991）指出：在产品方面能够使企业保持长期优势的资源和能力是企业成功的关键因素，企业战略管理的重要内容是在识别关键资源的基础上，对其进行有效的开发、培育、保护和提升，而专利、商标和技术秘密等无形资源是必不可少的主要内容。Samson（2005）指出：人们通常会将知识产权与专利、商标和版权等的法律保护联系在一起，然而，将知识产权作为企业战略的一部分是其真正价值的体现，商标权也是企业经营战略的一个重要组成部分。东京大学的儿玉文雄（1990）认为知识产权战略评价指标包括定性指标和定量指标两大类，从理论上对企业知识产权战略的评价提供了一套依据。

我国商标权制度起步较晚，商标权运用制度研究并不完善，大部分研究集中于法学方面的讨论，包括商标权运用过程中法律属性的界定、保护范围和使用权限的限定等，而关于商标权具体运用策略的研究不够深入且缺乏统一的体系。彭学龙（2007）从符号学角度对商标法进行分析，认为“商标法是符号规则的一种，唯有按照符号学原理制定、执行以及解释商标法，才能使法律定分止争的作用充分发挥”。邓宏光（2008）认为：商标使用在于商标的显著性体现，商标显著性是“不仅是商标构成要件和商标注册的核心，还是商标保护的主要对象，更是整个商标法的灵魂所在”。此外，“商标显著性不但决定了商标能否受到法律保护，也构成了商标保护范围的基础”。文学（2009）认为：“商标使用是指将符号用于商业活动中，其作用是区分商品的来源。”冯晓青（2006）认为：注册商标的使用是企业商标战略的实质内容。企业应在考虑商品与市场的情况、自己的经营战略的基础上，确定适合自身的商标使用模式，具体模式包括：个别商标策略、统一商标策略、同类产品使用同一商标策略、品牌定位策略、使用销售商标策略、名牌产品商标使用策略、新产品商标使用策略、总商标与产品商标双重使用策略、商标使用许可策略。余蓓（2011）认为：作为企业的核心竞争资源，商标具有市场准入、商品区分、市场竞争等功能。应当根据企业的实际，结合市场的形势，从商标设计、产品质量、产品技术应用、市场定位等方面实施商标运用策略。

总之，国内大部分学者的研究成果多是从权利角度进行研究，不能深刻揭示出商标权的生命在于运用的深层次含义，企业商标权运用策略研究不够深入，缺乏整体的研究体系。在这种情况下，考虑到国外发达国家较为成熟的商标权运用制度，借鉴国外已有的研究成果不失为一种较好的选择。

三 商标权管理制度研究

按管理主体的不同，商标权管理可分为两类：一是国家对本国拥有的商标权进行管理；二是企业对其享有的商标权进行管理，两个层面的管理最终目的都是保护商标权价值，推动企业实施品牌战略，增强产品的市场竞争力，维持市场经济秩序。本书将从这两方面对文献进行梳理。

在国家对本国拥有的商标权进行管理的制度研究中，直接研究商标权管理制度的论文很少，主要以知识产权管理制度研究为主。Kingston（2001）认为：高技术企业如果放弃知识产权管理则不利于给企业自身的技术创新，此外还基于政策支撑、资金扶植、减免税收、专利补贴等角度提出了确保管理有效的建议。Benjam and Fabienne（2002）在对过去几十年里美国知识产权体制的变迁进行分析的基础上，指出过去知识资本是被作为整个社会的共同财富的，但现在与过去不同，它被看作个体的私有产权，从这一角度来说这鼓励了高科技企业通过创新活动扩散其创新技术。薛江阔（2007）基于经济法的视角，从商标管理关系的构成要素（客体、主体、手段）出发，探讨我国的商标管理制度。王璐等（2014）探讨了商标管理制度的区域运行绩效评价，判断和度量了一个区域商标管理制度的投入和产出。在对商标制度的区域运行绩效和经济绩效评价的基础上，量化了商标制度区域运行机制结构系统中的主要因素间的复杂关系，为政府部门如何改进商标管理制度提供了理论参考。

有关企业对其享有的商标权进行管理的制度研究中，Arahi（2000）将日本较为著名的跨国企业作为研究对象，在对几家跨国企业进行比较的基础上，指出跨国企业对知识产权的管控较强，相应的其知识产权管理体系也比较健全。知识产权管理体系具有动态性的特征，通常将技术管理、信息管理、组织管理、知识资产经营管理和风险管理等内容进行融合。Kollmer and Dowling（2004）表明：从商业战略这一视角来说，知识产权战略作为其中的一部分，除了催化了知识产权的转移、许可之外，还激发了企业的创新能力，进而为经济效益的提高铺平了道路。张莉（2006）运用模糊综合评价方法（AHP）研究企业商标管理绩效评价，构建了一套企业商标管理绩效模糊综合评价模型，该模型为研究企业和政府的商标管理制度绩效评价提供了参考。邵克亮（2005）把商标法律体系中有关商标权利的规定作为主线，将企业琐碎的商标管理活动贯穿在一起，从战略的角度对企业的商标权利管理进行分析。聂鑫（2009）从商标战略角度解释商标管理，他认为所谓商标战略指的是企业为了在激烈的市场竞争中立于不败之地，在不违背相应的法律法规的前提下，利用商标法对其自身提供的保护，在充分发挥自身所具有的竞争优势的基础上，以获取最大化利益为目的，基于企业整个全局的考虑之后所形成的一种理念。

归纳起来，目前学者对商标权管理的研究主要以商标管理环境的影响为研究起点，商标管理环境即影响商标管理运行的经济制度、文化制度、法律制度等因素。但是在企业视角下，商标权管理的重点是商标权的价值管理，从理论和实践来看，商标权价值构成、价值评估方法、价值评估相关制度对商标权管理制度有很大的影响，但是相关研究探索较少。

四　商标权保护制度研究

商标权保护制度是一项建立良好社会经济秩序和公平竞争环境的根本性激励机制。目前关于商标权的保护制度研究主要围绕商标权的两种取得模式而展开，包括商标权注册取得保护模式与使用取得保护模式两种。注册取得保护模式更加符合现代经营管理中的成本效益原则，体现商标权保护的便捷性，但容易导致“商标抢注”和“商标闲置”等现象；使用取得保护模式能够充分反映商标功能，体现商标权价值，但是法律维护成本较高。两种方法各有利弊，本书将从这两方面的特点对文献进行梳理。

我国采用商标权注册取得保护模式，商标注册取得保护模式具有以下优势。第一，已经注册的商标可以在相应的查询系统中通过一定的方式查询到，可以说商标经过注册等同于将商标充分暴露于大众视野之下，这有助于规避有意或无意地重复使用商标，从法律的视角来看也有助于权利归属的区分（任少刚，2008）。第二，商标注册制度的权利推定功能可以确保顺利地将商标权投入使用，从法律的角度来说有助于对商标权进行必要的保护，尤其体现在进行具体交易过程的安全保障方面（李雨峰等，2014）。第三，统一的注册原则方便国家相关部门对商标进行有效且必要的管理，并能将方方面面的商标信息纳入统一系统中，便于后续的搜索与查找，能够减轻后续工作的负担。有利于国家商标管理部门在全国范围内有效地管理商标工作、全面掌握商标信息，减少贸易活动中的商标冲突，减轻商标权纠纷案件的工作负担（李娟，2011）。

当前，取得商标的方式有使用制度和注册制度。其中使用制度仅被美国等少数国家所采用，而大多数国家都因注册制度具有较高的管理效率而广泛采用之。1982 年，我国颁布了第一部《商标法》，自颁布该法以来一直采用注册制度，虽然成绩斐然，但在实际管理活动中也存在诸多不足。肖寅华（2011）认为：我国关于注册制度的立法并不健全，当前还存在很多亟待解决的问题，诸如注册程序过于复杂且耗时过长、商标侵权现象严重等。苏喆（2012）认为：我国商标法具有浓厚的商标行政管理法特色，在商标权取得制度上偏重于商标注册和管理的效率性，较少体现公平，客观上使得商标抢注成风、不公平竞争泛滥、问题商标成灾，最终导致了整体效率的丧失。马金涛（2010）认为：商标的注册与保护都应以商标的使用作为前提，反过来说商标的使用是以商标注册与保护作为基础的。从这个角度来说，法院对商标关注的重点应放在已经注册但尚未使用的商标是否损害了他人的在先权？在对商标的具体使用过程中有没有违背诚实信用原则？戴彬（2013）认为：商标权所保护的核心价值在于商标承载的商誉以及商标向公众传递有效信息的功能，单纯的注册制度虽然可以明晰商标的权利范围和边界，但是却无法保证注册商标的核心价值。商标是否使用是商标权取得的正当性基础，而商标的保护程度应取决于商标使用的实际状况。

此外，也有一些学者尝试从其他角度研究包括商标权在内的知识产权保护制度。Kwan and Lai（2003）认为对知识产权的保护要适度，过分地对知识产权进行保护无疑会造成社会资源不必要的浪费，但对知识产权置之不理则会造成更大程度的浪费。Liao and Wong（2009）就知识产权保护水平方面，将发达国家与发展中国家做一比较，探讨了二者的差异在竞争环境下对本国企业所产生的影响，认为TRIPS协议中关于知识产权的保护条款应区分不同类型的国家，在不伤害发展中国家经济发展的情况下，建议针对发展中国家增加关于知识产权保护的限制。Ryan（2010）以巴西作为研究对象，在对该国企业所处大环境进行分析的基础上，就专利保护方面进行深入的探讨，并针对如何发展该国高科技的问题给出建设性的意见，包括在创新活动中引入风险投资，在公共和私营部门之间建立技术创新网络平台以促进技术市场的发展，通过专利奖励激励公私合作的技术创新。Kausik and Debasis（2012）依据内生增长模型得出结论：知识产权保护可能会带来创新过程中科学知识的无法自由流动的后果，而过于强化知识产权保护措施可能会对创新活动产生不利影响。许和连等（2010）通过构建概率模型，探讨了企业的国际化行为对知识产权保护会带来什么样的冲击，研究结果显示企业可以通过开展进出口贸易活动、技术许可等途径加大对知识产权的保护力度。杨涛（2010）就知识产权制度的具体实施方面进行研究，发现存在诸多严重问题，特别指出当下行政执法与司法保护之间存在衔接不流畅、配合不到位的严重问题，提出应以建立动态、理性的衔接机制作为规则制定的前提条件，化解行政执法与司法保护分离或胶着的状态。

总之，大部分学者认为以使用原则与注册原则相结合的混合原则来确定商标权保护制度较为公平、合理，并可维护法律的稳定性；而奉行不同原则的法律制度之间的相互影响、相互借鉴，则是商标权法律制度的必然趋势。此外，商标权保护制度的研究主要局限于法律原则梳理与政策法规制定上，较少涉及商标权法律保护程度对商标资产以及企业价值的影响研究。商标权法律属性具有时间性、专有性、地域性等特点，各个企业对商标权采取的保护方式势必不尽相同，政府将商标权保护制度置于的位置，这些都会影响商标权价值乃至整个企业价值，这也是有待我们进一步研究的问题。

五 国内外研究评述

从商标权相关制度的文献综述我们可以看出，在商标权形成制度研究方面，观点较为统一，商标权形成制度正沿着一个总的趋势发展——商标注册制度越来越成为主流，或者完全取代使用取得模式，或者作为使用取得模式的重要补充。在商标权运用制度研究方面，大部分学者的研究成果多是从权利角度进行研究，不能深刻揭示出商标权的生命在于运用的深层次含义，目前的研究对商标权本质的揭示不够深入，故对商标权的财产权属性的论证也缺乏说服力。在商标权管理制度研究方面，目前学者的研究主要以商标管理环境的影响为研究起点，商标管理环境即影响商标管理运行的经济制度、文化制度、法律制度等因素；但是在企业视角下，商标权管理的重点是商标权的价值管理，从理论和实践来看，商标权价值构成、价值影响因素等对商标权管理制度有很大的影响，但是相关研究探索较少，这也是本书需要进一步研究解决的内容。在商标保护制度方面，研究大部分局限于法律原则的梳理与政策法规的制定上，较少与知识产权法律属性相结合，商标权的法律属性为专有性、时间性、地域性等特点，企业对商标的注册情况、商标使用方式、地方政府对商标权保护的重视程度都会影响商标权价值乃至企业价值，这也是有待于我们进一步研究的问题。

第三节　商标权战略与企业价值的研究综述

商标权战略作为知识产权战略的重要组成部分，提升商标权形成、运用、管理和保护能力，可以增强企业自主品牌的自主创新能力，增强政府对商标权管理与保护力度，规范市场秩序和建立诚信社会，提高我国企业市场竞争力和国家核心竞争力，全面、有效实施国家知识产权战略。目前理论研究中，学者们关于知识产权战略对企业价值的影响研究较为广泛，但是针对商标权战略对企业价值影响的系统研究较少，而且主要分散在商标权战略的各个具体环节中。

一　商标权形成对企业价值的影响

目前专门针对商标权形成对企业价值影响的研究文献较少，主要以知识产权作为研究重点，关于知识产权形成对企业价值的影响主要有两方面内容。一方面，大部分学者认同知识产权的形成及保护有利于企业价值的提升。Kollmer and Dowling（2004）认为高科技企业技术实力的发展体现在企业具体产品中，技术的商业开发是通过产品的营销和市场销售发挥作用，知识产权创造正成为高技术企业的商业化发展战略的关键所在。Krasnikov et al.（2009）认为商标品牌具有财务价值，商标的法定注册是企业防止其无形资产贬值的必要手段之一，并研究发现股票市场具有品牌识别的能力，企业的商标拥有量对企业现金流、托宾 Q 值及股票收益能够产生影响。Mehrazeen et al.（2012）认为：商标申请活动能够保护和提升企业竞争优势，商标作为企业重要的无形资产影响着企业价值，研究商标价值及其对企业绩效的影响作用，可以帮助企业利益相关者了解财务信息，并且重视财务报告中的商标价值评估。周江燕（2012）采用实证方法分析知识产权价值与企业营利能力、企业市场价值的相关关系，研究发现，相比企业其他无形资产，知识产权资产占总资产比重越高，企业营业毛利率越高；知识产权价值越高，企业预期收益越高，总之，知识产权能够提高企业的获利能力和市场竞争优势。另一方面，也有学者认为知识产权形成过程中的过度保护也会妨碍高新技术的传播，最终影响单个企业和整个行业的发展。Bekkers et al.（2002）以全球移动通信系统为例，考察知识产权保护对企业和行业发展的具体影响，考虑到高技术企业知识产权的过度保护和市场竞争性的相互关系，应尽量避免单一知识产权持有人妨碍高技术创新的发展，因为两者相互作用会影响高技术企业的市场份额和市场结构。

二　商标权运用对企业价值的影响

商标权的运用是指以商标的专有性为基础，对商标权进行合理使用的过程。企业生产、经营管理成功有效，产品、服务品质优良，在市场中形成差异化，消费者对企业的信赖度提高，此时，如果企业能够深层次挖掘商标内涵、增强商标影响力，可以使商标权资产和企业价值通过积累达到自身的增值，实现商标权价值和企业价值的“晕轮效应”（Beckwith and Lehmann，1975）。

Samson（2005）认为知识产权战略是企业经营战略的组成部分，企业的创新过程能够联结知识产权战略和经营战略。知识产权战略主要包括知识产权的保护和知识产权的运营，虽然包括专利、商标和版权的知识产权保护能够促进企业的创新活动，但是知识产权运用过程中所带来的产品价值增值、企业竞争地位提升才是创新活动的原动力，因此知识产权的运营在企业经营战略中具有重要的作用。

商标权运用具体包括企业所实施的商标权定位策略、商标权延伸策略、商标权投资策略、商标权连锁经营等内容。由于企业的知识产权资产具有独创性、可转让性以及获利性的特点，而且法律法规的制定为知识产权价值的转让提供了一定的制度基础，使得知识产权投资、知识产权质押融资等运用方式成为可能（Kukrus et al.，2005）。Riel and Bruggen（2002）认为商标定位策略的计划和实施是创造和维护企业良好声誉的过程，不仅为产品、服务确立市场竞争中的独特地位，而且为品牌创造附加价值，给公司有形资产和无形资产带来价值增值。冯晓青（2010）认为品牌定位有助于企业实施商标竞争战略，获得市场竞争优势的保障，在中国创立驰名商标或者拥有驰名商标的企业发展驰名商标是品牌定位的重要内容。对于商标权延伸策略，大多数学者较为认可其对企业价值的提升作用，因为企业核心品牌的市场竞争优势可以通过延伸策略扩展到企业其他类别的产品上，不仅扩大了企业产品的市场份额，而且强化了核心品牌的竞争优势（Keller and Aaker，1992；Smith and Park，1992）。此外，邵文猛（2011）认为知识产权信托制度可以弱化知识产权在利益实现过程中高风险、高成本和高不确定性的特点，调动知识产权研发者的积极性，降低知识产权所有人的管理成本，拓宽知识产权的转化途径，有效实现知识产权的保值增值。

三　商标权管理对企业价值的影响

企业商标权管理是指企业为获取与保持市场竞争优势，在商标所涉及的企业生产经营活动的各个方面对商标进行系统规划和协调的过程，既包括对有形商业标记的管理，也包括对无形商标权和商标资产的管理。正确完善的管理可以在很大程度上降低商标在使用过程中的风险，不断增加无形资产的积累，从某种意义上讲，企业商标管理是企业资产管理的一部分。Keller（1993）认为对于品牌的关注主要体现在价值评估和价值管理上，品牌估值可以为会计提供更精确的值，从而实现资产计价、合并、收购或资产剥离的目的；品牌管理可以提高企业销售效率，增加企业绩效，企业营销人员通过对消费者行为的分析确定市场和产品定位，企业营销策略中最有价值的资产就是商标品牌，有效的品牌管理能够提升品牌价值，只有品牌内在价值提升，品牌估值才有意义。周晓生（2008）认为商标在促进企业发展中发挥着重要作用，企业应重视商标管理。商标申请注册制度、商标使用和管理制度、商标管理机构的设立在一个完善的商标管理制度中是不可或缺的，企业只有不断完善商标管理才能在竞争中取得优势。

目前对于商标权管理的研究主要集中于商标权营销管理和研发管理上。商标权的营销管理方面，大多数研究认为，广告支出对企业绩效有显著的影响，具体来说，广告支出可以增加企业销售收入（Hirschey，1982）、提高企业利润（Erickson and Jacobson，1992）、提升公司价值（Joshi and Hanssens，2010）。Hsu and Jang（2008）研究了餐饮企业广告支出、无形资产价值和股票收益风险之间的关系，发现广告支出对无形资产价值有显著的正向影响，广告支出与股票收益风险之间不存在显著关系。Boujelben and Fedhila（2011）考察无形资产投资和公司经营现金流之间的关系，其中无形资产投资包括研发投入、广告投入、培训支出、软件购买和质量提升，研究发现广告投入对公司经营现金流有显著影响，研发支出和质量提升对公司经营现金流的影响存在滞后现象。张超（2011）通过对

2005—2007 年中国 12 个汽车生产厂商相关数据实证分析，发现广告支出与销售量之间存在显著正向关系，但是广告支出具有“边际收益递减效应”。

商标权的研发管理方面，大多数研究认为，研发支出有助于提高企业商标的核心竞争能力，增加商标价值，有益于企业的长远发展（Hirschey，1982；Erickson et al.，1992；Chauvin and Hirschey，1993）。Karjalainen（2008）考察不同的金融环境下研发投资和企业未来盈利能力的关系，包括基于银行的金融环境和基于市场的金融环境，研究发现投资对企业未来营利能力有积极的影响，且这种关系在基于银行的融资环境中更加明显。Ehie and Olibe（2010）对比研究了美国制造业和服务业的企业研发投资和企业市场价值之间的关系，发现两类企业的研发投资都正向影响着公司绩效，其中制造业企业的影响程度大于服务业企业。Nunes et al.（2012）将欧洲中小企业分为高科技类型和非高科技类型进行研究，结果表明低研发支出强度限制高科技中小企业的发展，高研发支出强度促进高科技中小企业发展，研发支出强度高低对非高科技企业没有作用，研发支出的资金限制对高科技中小企业有巨大影响。孙维峰（2012）以 2009 年中国制造业上市公司为样本，实证研究发现在非国有控股企业中研发支出与企业绩效之间存在显著的正相关关系，但是在国有控股企业里两者不存在统计上显著的关系。

四　商标权保护对企业价值的影响

企业商标权保护是商标注册人依法对商标进行保护的行为与活动，以确保商标注册人享有用以标明商品或服务，或者许可他人使用以获取报酬的专用权，而使商标注册人及商标使用人受到保护。商标权保护是品牌竞争的重要组成部分，对商标进行有力的保护，才能维护品牌的信誉。关于商标权保护水平是否会影响企业价值的问题，目前研究涉及较少，但是知识产权保护水平对专利、版权等价值的影响学者研究较为广泛。Cockburn et al.（1988）以1960—1984年美国1800家上市公司为样本，实证检验发现在专利保护较好的行业里，专利产出的增加所带来的公司价值提升较多。Yang and Maskus（2001）研究发现知识产权保护对投资活动的影响在不同行业中效果不同，纺织服装、简单电子产品加工、餐饮等低技术含量行业的投资活动对知识产权保护并不敏感，而医药、软件、化工等高技术含量行业的投资活动更加关注地区知识产权保护水平和执法能力。李诗等（2012）通过对1900—2008年我国上市公司专利保护实证研究发现，知识产权保护水平越高的地区，专利产出对市值的影响越大，这些结果表明，我国股市具备专利定价功能，政府实施知识产权保护战略是强化这一功能的重要保障。

随着知识经济的迅速发展，作为企业无形资产的知识产权在总资产中所占比重越来越多，在企业经营中发挥着愈加重要的作用，由于知识产权特有的法律属性，包括商标权在内的知识产权保护成为其价值发挥的重要基础。袁俊（2004）认为应将知识产权保护战略融入知识产权创新的价值链体系中，包括研发、生产、营销、服务环节，从而使企业获得高额利润的持久竞争优势。冯晓青（2013）从法学的角度分析知识产权保护制度与企业技术创新之间的密切关系：一方面，技术创新是知识产权的源泉，技术的不断进步促使知识产权保护制度的发展和完善；另一方面，知识产权保护制度是技术创新的保障，完善的保护制度激发技术创新的动力，促进企业创新成果的价值转化，两者之间相辅相成，良性互动。汪洋（2013）从企业商标战略的角度考虑商标权保护的重要性，认为商标权保护是商标战略的重要部分。企业开展具体的商标保护策略时：首先应发挥产品或服务领域的创造性劳动，提高产品或服务的附加值；其次应及时申请商标注册，培育商标品牌，提高企业竞争力；再次应加强商标管理，设置专门的机构和人员负责商标使用的监控，发现商标侵权行为及时制止，维护企业权益；最后，推广合法的商标使用许可制度，提高商标知名度。

五　国内外研究述评

从国内外现有的研究文献来看，针对商标权战略对企业价值的影响，本书认为有以下三方面特点。（1）研究范围方面。目前学者主要考察知识产权战略对企业价值的影响，研究内容广泛，但是针对商标权战略具体环节对企业价值的影响研究较少，且没有形成统一的认识，商标权作为知识产权的重要组成部分，其内涵与特点相比其他知识产权都有很大差异，对企业品牌经营管理，核心竞争力提升具有重要意义，一概而论进行理论研究并指导具体实践缺乏严谨性，其结论也必定是不稳健的。（2）研究内容方面。目前商标权战略研究主要集中在商标权运用、管理对企业价值的影响研究上，研究领域相对局限，主要以经济领域为主。商标权作为一种知识产权，同时具有经济属性和法律属性，目前学者多从商标权的经济属性考察其对企业价值的影响，没有融合商标权的法律属性，结合法学观点，我们发现商标的使用期限、侵权状况、法律保护程度等对商标权价值都会产生影响，进而作用于企业价值。因此，如何将商标权法律属性体现在商标权战略对企业价值的影响中将是未来研究需要解决的问题。（3）研究方法方面。目前学者关于商标权形成、运用、管理和保护战略环节对企业价值的影响，多局限于规范性研究，或采用问卷调查的方法，基于样本数据，通过回归分析对有关研究对象进行实证分析的方式很少使用。

第三章

制度背景分析与相关理论基础

第一节 制度背景分析

一 国家知识产权战略

在知识经济迅速发展的推动下，知识产权已成为各国参与国际市场竞争的核心战略资源，美、欧、日等发达国家纷纷制定相应的知识产权战略。美国专利商标局（USPTO）2001 年制定了“21 世纪战略”，旨在从战略高度出发构建美国知识产权未来发展策略。英国专利局（UKPO）于 2006 年推出《支持创新战略（征求意见稿）》，旨在以 UKPO 法定职能为基础，持续推动英国政府的创新议程。日本政府 2002 年发表《知识产权战略大纲》，将“知识产权立国”列为国家战略，2003 年日本政府在内阁增设知识产权战略总部，同年制定并公布了《有关知识产权创造、保护及其利用的推进计划》（日本知识产权界称之为“知识产权战略推进计划”），自此以来，世界各国对知识产权战略的重视越加明显。

我国的知识产权事业自改革开放以来主要经历了以下四个发展阶段如表 3—1 所示。

第一，逐步建成了比较完善的、并且与国际接轨的知识产权法律体系。从 20 世纪 70 年代末到 90 年代末，政府先后颁布了《商标法》《专利法》《著作权法》《反不正当竞争法》等法律，期间还颁布了上述各部法律的实施细则及配套法规；此外出台了音像制品、植物新品种等诸多知识产权保护条例，并加入了一系列重要的知识产权国际公约，与许多国家签订了知识产权双边协定，深化国际领域的知识产权交流与合作。

第二，建立了知识产权行政保护和司法保护“两条途径、并行运作”的保护模式。行政保护主要指工商、知识产权、文化、公安和海关等部门进行知识产权执法保护；司法保护主要包括各级人民法院设立知识产权审判庭，审理知识产权案件。

第三，建立了完备的知识产权管理体系和社会服务体系。一方面，知识产权的管理体系不断完善和强化，从重视知识产权创造和保护到加强知识产权运用和管理，从点到面全方位促进知识产权事业的发展；另一方面，配套的社会服务体系不断扩展和深化，主要体现在专利申请资助、知识产权试点示范、产业化推进、知识产权资产评估、专项执法、宣传培训、人才培养等方面。

第四，国家知识产权战略纲要形成并实施。2008 年 4 月，国务院常务会议审议并原则通过了《国家知识产权战略纲要》。知识产权战略，即政府通过立法、制度建立等手段实现知识和技术资源的产权化和资本化，促进经济发展，提高本国综合国力，实现经济腾飞的战略决策。

表 3—1　　　　中国知识产权制度发展的主要政策事件

时间	事件
1983 年 3 月 1 日	《商标法》开始施行
1985 年 4 月 1 日	《专利法》开始施行
1985 年	中国加入《保护工业产权巴黎公约》
1989 年	中国加入《集成电路知识产权条约》和《商标国际注册马德里协定》
1991 年 6 月 1 日	《著作权法》开始施行
1991 年 10 月 1 日	《计算机软件保护条例》开始施行

续表

时间	事件
1992 年	中国加入《保护文学艺术作品的伯尔尼公约》和《世界版权公约》
1993 年	中国加入《保护录音制品制作者防止未经许可复制器录音制品公约》
1994 年	中国加入《商标注册用商品和服务分类协定》和《专利合作条约》
1995 年	中国加入《商标国际注册马德里协定有关议定书》和《国际承认用于专利程序的微生物保存条约》
1996 年	中国加入《工业品外观设计国际分类协定》
1997 年 10 月 1 日	《植物新品种保护条例》开始施行
1998 年	中国加入《专利国际分类协定》
1999 年	中国加入《保护植物新品种国际公约》
2004 年 1 月 13 日	全国专利工作会议上明确提出“知识产权战略”
2005 年 1 月	国务院成立了国家知识产权战略制定工作领导小组，国家知识产权战略制定工作正式启动
2007 年 5 月	《国家知识产权战略纲要》形成并提交国务院审议
2008 年 4 月 9 日	国务院常务会议审议并原则通过了《国家知识产权战略纲要》
2008 年 6 月 5 日	国务院印发了《国家知识产权战略纲要》

二　商标权战略

商标权战略是指充分而有效地利用商标本身所拥有的功能和它为商标所有人开拓市场所具备的作用，使其成为服务于经济发展的一种策略。商标权战略是知识产权战略的重要组成部分，商标权战略与知识产权战略有着一脉相承的关系，随着我国知识产权战略的不断完善，商标权战略也得到了蓬勃发展。

我国商标权事业自改革开放以来主要经历了以下四个发展阶段如表 3—2 所示。

第一，制定适应中国改革开放所需要的商标法律制度。1983 年 3 月 1 日《中华人民共和国商标法》施行，该法是新中国第一部保护知识产权的法律，该法改变全面注册为自愿注册制度，将保护商标专用权作为《商标法》的重要内容，明确了商标侵权行为的责任和处理办法，澄清了过去对商标不符合市场经济要求的许多误解，引入有现代商标特点的一系列行为规则。

第二，确立商标法立法指导原则，引入商标权战略理念。商标法立法指导原则对商标法律制度的建立与完善起指导作用，直接影响商标法中各项规定的立法倾向。商标法立法指导原则主要为以下几项：（1）加强商标管理；（2）保护商标专用权；（3）促使生产、经营者保证商品质量和服务质量；（4）维护商标信誉；（5）保障消费者的利益；（6）保障生产、经营者的利益；（7）促进社会主义市场经济的发展。

第三，为适应不断复杂的市场竞争环境，商标法进行了三次修改。1993 年商标法第一次修改，主要是将保护范围从商品商标扩大到了服务商标，对商标的注册申请、许可使用的一些事项做出补充规定，使商标法在实践中得到了充实与发展；2001 年根据世界贸易组织规则和我国在国际谈判中的对外承诺，对《商标法》进行了第二次修改；此外，近 20 年来，中国商标的申请量、注册量成 10 倍地增长，经济发展和扩大开放都需要有更为完善的商标制度，2013 年商标法进行了第 3 次修改。

第四，商标权战略作为知识产权战略的重要组成部分形成并实施。2008 年 4 月，国务院常务会议审议并原则通过了《国家知识产权战略纲要》。商标权战略作为国家知识产权战略的重要组成部分，与知识产权战略具有一脉相承的关系，提升商标权形成、运用、保护和管理能力，可以增强企业自主品牌的自主创新能力，增强政府对商标权管理与保护力度，规范市场秩序和建立诚信社会，提高我国企业市场竞争力和国家核心竞争力，全面、有效实施国家知识产权战略。

表3—2 中国商标权制度发展的主要政策事件

时间	事件
1979年11月	中国工商总局经研究决定，恢复全国性的商标统一注册制度
1983年3月1日	《商标法》开始施行
1985年12月	国家工商局对外颁布了有关商标印制方面的商标法规，即《商标印制管理暂行办法》
1986年8月	颁布《驰名商标认定和管理暂行规定》
1990年5月	国家工商局发布《关于试点建立商标事务所，推行商标代理制的通知》，随即在沿海经济发达地区上海、江苏等地试点建立了商标事务所
1993年2月	《商标法》第一次修改
1993年2月	颁布《关于惩治假冒注册商标犯罪的补充规定》
1994年	颁布《商标审查准则》
1998年12月	颁布《集体商标、证明商标注册和管理办法》
1995年11月	颁布《商标评审规则》
1996年8月	修改并颁布《驰名商标认定和管理暂行规定》
2001年10月	《商标法》第二次修改
2003年4月	颁布《驰名商标认定和保护规定》
2008年4月9日	国务院常务会议审议并原则通过了《国家知识产权战略纲要》
2010年7月	颁布《商标代理管理办法》
2013年8月	《商标法》第三次修改
2014年7月	修改并颁布《驰名商标认定和保护规定》

第二节　相关理论基础

一　企业资源理论

企业资源理论的思想最早来源于Chamberlain和Robinson（1933）两位学者的观点，他们认为企业独特的资产和能力是产生不完全竞争并获得超额利润的重要因素。企业资源理论的开创者Penrose（1959）认为企业是“资源的集合，而非古典经济学理论所认为的仅仅是产品—市场的集合”，企业就其所拥有的资源来说是异质的，并且是企业资源影响企业绩效。

企业资源理论是竞争优势理论。企业的竞争优势来源于企业拥有和控制的有价值的、稀缺的、难以模仿并不可替代的异质性资源（Barney，1991）。对这些异质性资源的控制是与竞争对手相比一种显著的竞争优势，随着企业可能对不同类型的资源进行不同程度的控制，由此形成了资源门槛，企业对特殊资源的掌控可以为企业带来竞争优势（Rungtusanatham et al.，2003）。企业资源的异质性将长期存在，从而使得竞争优势呈现可持续性，识别关键资源并对之进行有效的开发、培育、保护和提升是企业战略管理的重要内容（Grant，1991）。

学者们研究了能够给企业带来持续竞争优势资源的五种特征（Rungtusanatham et al.，2003），这项资源必须是可以提高企业效率的、相对竞争对手是稀缺的、不易被模仿与复制、不能完全转移、不容易被替代。许多学者研究如何提升企业资源的不可模仿性和不可转移性，Barney（1991）认为通过时间或历史的沉淀可以使一项技术更特别、更不可替代，尤其是当这些技术在一个特别的机遇下使用。Penrose（1959）发现新资源与企业现有资源的匹配程度可以降低资源的可模仿性，以及减少资源的转移程度，尤其当资源融合在复杂的社会网络中或整合在企业组织结构以及组织流程中，可以使这项资源更加难以复制，例如信息收集以及处理机制就可以被视为一种独特的资源（Galunic and Rodan，1998）。Wernerfelt（1989）认为最理想的状态是企业的资源在法律或社会规则的保护下不被其他竞争者交易或复制。还有一些学者研究如何让这些资源为企业带来并维持竞争优势，包括信息、技术以及其他知识资产（Galunic and Rodan，1998）。

能够给企业带来竞争优势的资源包括有形资源和无形资源，有形资源包括资本、机器设备等，无形资源包括公司的声誉、技能和经验、组织程序、员工知识、品牌名称等（Peteraf，1993），实际上，在企业资源理论中无形资产的重要性更加凸显，因为这些无形资产比可购买的资源能够给企业带来更显著的利润和竞争优势（Coates and Mcdermott，2002）。商标品牌是企业资源的重要内容，品牌的培育和管理能够发挥企业资源的竞争优势，有助于增强企业绩效（Palmatier et al.，2013），品牌资源的管理包括五方面内容：与品牌相关的组织和文化、品牌知识与教育、营销能力、创新、品牌导向（Gisip and Harun，2013）。

二　企业声誉理论

声誉是企业最有价值的无形资源之一，有关企业声誉定义的研究目前仍没有统一的观点，Walker（2010）根据以往的研究成果，认为企业声誉的定义应该从以下五个属性理解：（1）声誉源于感知，企业声誉是观测者对企业的一种整体感知；（2）声誉是企业的利益相关者群体对企业的整体感知；（3）声誉的本质是比较，与其他竞争企业、行业平均水平比较，以往声誉状况等进行比较；（4）企业声誉可能是积极的，也可能是消极的；（5）企业声誉在一段时间内是稳定的和持续的。

声誉是企业获得持续竞争优势的重要来源，良好的声誉可以给企业带来众多效益，如降低企业成本（Deephouse，2000；Fombrun，1996），提升企业绩效（Deephouse and Carter，2005；Rindova et al.，2005），吸引求职者、投资者和客户（Turban and Greening，1997；Srivastava et al.，1997；Fombrun，1996），形成竞争壁垒（Deephouse，2000；Fombrun，1996），此外，企业声誉可以作为企业传递给市场的信号，缓解信息不对称，向股东传递公司隐藏的信息（Hsu，2012）。

企业对声誉的重视与培育可以增加更多的利益相关者支持和消费者的信心。企业声誉在公司经营中可以体现为品牌联想，通过品牌联想反映出利益相关者对企业的信念、情绪、情感和总体评价（Brown and Dacin，1997；Mukherjee and He，2008）。企业声誉和企业品牌之间的关系可以理解为：顾客对产品或服务的满意度正向影响企业声誉、顾客忠诚度和品牌效应，顾客满意度和顾客忠诚度之间关系的传导中介是企业声誉，顾客满意度和品牌效应之间关系的一部分也是通过企业声誉传导（Bontis et al.，2007），也就是说，顾客满意度促进企业形成良好声誉，良好企业声誉扩大品牌效应，增强顾客忠诚度。

三　企业价值理论

古典经济学认为，企业的本质是生产函数和技术的关系，是将土地、劳动、资本等生产要素投入后再形成产出的经济组织形式。企业的生产经营过程，是价值形成、价值增值和价值实现过程的统一，对经济利益和效率进行最大的追求是价值规律本质的体现。企业唯有不断地创造价值并实现价值，才能在严峻的市场竞争中立足并得到持续发展，因此，价值创造和价值实现是企业发展的核心目标。

按照价值来源的主体不同，企业价值理论经历了劳动价值理论、资本价值理论、顾客价值理论。劳动价值理论的基本观点“劳动是价值的来源”，首先由威廉·佩蒂（1662）在《赋税论》中初次提出；随后，李嘉图继承并深化了这一思想，坚持劳动是价值的唯一来源；在这之后，马克思开创了科学的劳动创造价值的思想，把劳动价值理论推动到最高阶段。工业革命后，资本日益取代劳动在企业价值创造中的地位而占据主导，费雪在1906年出版了《资本与收入的性质》，首次完整论述了价值创造的源泉问题，系统分析了收入与资本的关系，资本价值理论的核心是，不仅劳动创造价值，资本也创造价值，企业价值是投资者将资本投入企业中运作周转所产生的价值。根据资本构成和存在形式的不同，资本价值理论具体又包括有形资本创造价值、无形资本创造价值、人力资本创造价值、组织资本创造价值和生态资本创造价值。

20 世纪 80 年代市场竞争日益加剧，市场成为最短缺的经济资源，以顾客为导向争取顾客的满意度与忠诚度成为企业获取竞争优势的主要方式。顾客价值理论提倡从顾客的视角来评定企业的价值，企业价值的来源由企业内部向企业外部转移，一方面，企业价值由顾客对产品或服务的感知决定，顾客对获得产品或服务的效用感知与购买该产品或服务的成本相比较，从而对产品或服务乃至企业价值做出整体评价（Zeithaml，1988）；另一方面，企业价值还受到企业与顾客之间具体关系的影响，也就是说顾客愿意购买产品或服务，顾客与企业之间存在良好而持续的关系，企业价值才能得以不断提升。Woodruff et al.（1993）认为企业与客户之间的长期的良好关系是企业竞争优势的主要来源，企业应建立以市场为导向的营销观念，提供给客户更多的利益，培育客户忠诚度，从而获得竞争优势和企业价值。在顾客价值理论中，企业必须了解以下三方面内容：（1）客户当前的需求；（2）企业能够满足客户需求的能力（企业能够创造的顾客价值）；（3）驱动客户未来满意度变化的因素（Flint et al.，1997）。

第四章

商标权运用与企业价值研究

商标权的运用是指以商标的专有性为基础，对商标权进行合理使用的过程。企业产品、服务品质优良，生产、经营和管理成功有效，市场竞争优势和客户忠诚度提高，此时，如果企业能够深层次挖掘商标内涵、增强商标影响力，可以使商标权资产和企业价值通过积累达到自身的增值，实现商标权价值和企业价值的“晕轮效应”（Beckwith & Lehmann，1975）。本章以我国 2004—2015 年 A 股上市公司为样本，研究商标权具体运用策略与企业价值的相关关系，并在不同企业所有权性质、企业技术特征条件下，进一步检验商标权运用与企业价值之间的关系。

第一节 研究假设

一 商标权运用对企业价值的影响

（一）商标定位策略对企业价值的影响

商标定位策略，是指经常向消费者宣传商标的个性识别标志，有效地建立商标与竞争者的差异，当消费者某种需求一旦产生，会首先想到自己的商标。商标定位策略的计划和实施是创造和维护企业良好声誉的过程，不仅为产品、服务确立市场竞争中的独特地位，而且为品牌创造附加价值，给公司有形资产和无形资产带来价值增值（Riel and Bruggen，2002）。商标定位策略的影响因素包括公司战略、商业模式、组织文化、创新效率、价值杠杆、品牌发展思路等（Kapferer，2008）。虽然商标定位策略能够给企业带来诸多好处，但是如果企业没有制定明确、全面、系统的商标定位策略，最终对于企业价值的提升也很难有效（Kapferer，2008）。成功的商标定位主要考虑以下因素：目标消费者、主要的竞争对手、与竞争对手的相似之处和不同之处，定位观念的要点是“消费者心中”和“相对于竞争对手”（Bett，1995）。

在我国获得驰名商标认定是企业实施商标定位策略的集中体现。驰名商标即在中国为相关公众所熟知的商标，一般情况下，商标与专利等知识产权相比申请较为容易，但是单纯的商标数量增加并不能为企业带来更多价值，企业拥有的、能够代表企业核心竞争力的驰名商标才能真正带来价值。驰名商标作为企业一种特殊形式的无形资产和企业声誉的表征工具，是企业有效运用商标定位策略的集中体现，推动着企业绩效的改善，其价值相关性越来越受到学术界的重视。邱军生等（2008）认为现代市场经济已逐渐转变为“品牌经济”时代，驰名商标作为“品牌经济”的重要代表，能够直接反映企业良好的商品质量和商业信誉，为企业提供稳定的消费群体，保证企业的市场占有率和经济利益。赵箭（2008）认为取得驰名商标认定是中小企业重要的商标战略，第一，驰名商标可以使企业得到商标保护的特殊优势，如保护范围扩大，遏制商标的恶意抢注等；第二，驰名商标给企业带来的稳定价值可以对抗市场的剧烈波动；第三，相比普通商标而言，驰名商标的价值优势和法律优势可以成为企业融资的新模式和新途径。冯晓青（2010）认为创立驰名商标或者拥有驰名商标的企业发展驰名商标是品牌定位的重要内容，品牌定位有助于企业实施商标竞争战略，获得市场竞争优势的保障。胡玉蓉（2013）基于企业不同的所有权性质，分析上市公司获得中国驰名商标认定前后的绩效变化，发现获得驰名商标认定后，企业的资产、权益、收入、利润、产品溢价、税收贡献六个方面的财务指标都有显著提升。周孝等（2014）以中国驰名商标为例，对上市公司声誉效应与食品安全水平之间的关系进行了实证研究，发现获得驰名商标认定有助于提高食品企业的经营业绩，取得驰名商标声誉可作为食品企业规避风险的一种有效战略。

驰名商标作为企业一种特殊的无形资产，影响着内部价值链的每一个价值模块或环节，企业一旦获得了驰名商标的认定，与驰名商标同类产品或服务的功能及其为消费者带来的效应就会进一步放大，产生“品牌效应”，并释放出推动企业绩效增长、市场拓展、促进区域经济发展的综合效应。中国 1985 年加入《保护工业产权巴黎公约》以后，开始实施中国驰名商标认定制度，它经由严格的行政程序或法定程序认定，终生有效，相比普通注册商标，对企业价值的提升有很大的影响。基于上述分析本书提出假设 H4 -1：

H4 -1：获得驰名商标认定后，企业价值较认定前有显著提升。

（二）商标延伸策略对企业价值的影响

商标延伸策略，是指企业将具有一定声誉和资产价值的商标向新的产品或服务领域拓展，利用消费者对已有商标的认知度、满意度与忠诚度推出新的产品或者服务类别。简言之，是企业将现有的成功的商标拓展到新产品或服务领域的过程。商标延伸策略有利于企业利用现有的商标信誉提升和扩大企业产品或服务形象以及企业形象，进一步扩大名牌企业的影响；有利于企业利用已经开发和形成的市场优势，降低企业对新产品或服务的运营成本，从而可以提高企业竞争力；能够提升企业核心产品的形象，提高企业整体品牌家族的投资效益。作为一种经营策略，商标延伸在 20 世纪初就得到了应用，但作为一种规范的经营战略，商标延伸则是在 20 世纪 80 年代后才引起国际经营管理学界的重视的。

Tauber（1981）发表了学术论文《品牌授权延伸，新产品得益于老品牌》，首次系统提出商标延伸的理论问题。此后，学者们根据大量案例从不同角度分析了商标延伸的效果和价值，并对商标延伸各要素、商标延伸对原有品牌资产的影响和品牌定位的变化等问题做了深入研究，大大丰富了商标延伸的理论体系（Aaker and Keller，1990；Boush and Loken，1991；Herr，Farquhar，and Fazio，1996）。Boush and Loken（1991）认为品牌延伸包括典型性品牌延伸和品牌扩张两种类型，典型性品牌延伸是通过与现有品牌产品有类似类别的产品来传递品牌效应的，品牌扩张则是通过与现有品牌产品不同类别的产品来扩张品牌的影响力；研究发现，品牌延伸策略和产品类别之间存在一定的联系，典型性品牌延伸对品牌效应的传播更加明显。Keller and Aaker（1992）通过实验研究法检验企业的核心品牌作用通过品牌延伸方式是否能够扩展到企业其他类别的产品上，结果表明成功的品牌延伸策略既可以提高核心品牌的品质，也可以提高核心品牌的价值，单一的品牌发展没有上述效果。Smith and Park（1992）研究了新产品的市场占有率和广告效率之间的关系，发现两者之间的关系受到品牌特色、品牌延伸和产品的市场竞争状况的影响，其中品牌延伸能够得到更大的市场份额和实现更大的广告效率。Balachander and Ghose（2003）认为公司进行品牌延伸策略的目的是通过利用既定品牌中权益，可以相对容易地开发有利可图的产品，品牌延伸也可以影响母品牌的形象，广告可以促使企业母品牌和其他品牌之间相互有利的溢出效应。冯晓青（2005）认为商标延伸策略是国内外很多企业迅速拓展业务范围、开展集约经营的重要策略，是商标作为资产运营的一种重要方式，也是一种有效的营销手段，并介绍了商标延伸策略的概念、适用条件与模式，以及具体实施步骤。

目前大部分学者普遍认同商标延伸策略给商标资产带来的价

值，商标品牌的延伸一方面传播了企业的商业信誉和产品品质，另一方面作为一种有效的营销方式为企业未来的产品研发、产品推广奠定了市场基础，但是盲目无序地增加商标数量并不能带动品牌价值，也不利于企业的无形资产管理。本书认为，商标延伸策略需要基于核心品牌不断发展，具体来说，可以利用驰名商标的核心价值带动普通商标的知名度和信誉度，而且一般消费者容易接受企业拥有的与驰名商标商品（服务）同类的注册商标，如主要生产酒类产品的企业获得酒类产品的驰名商标后，该企业其他酒类商标同样会得到消费者的关注，品牌效应迅速传播，带动整体商标家族发展，企业价值得以提升。基于上述分析本书提出假设 H4－2：

H4－2：获得驰名商标认定后，企业拥有的与驰名商标商品（服务）同类的注册商标数量越多，企业价值越高。

二　商标权运用对企业价值的影响：不同所有权性质

已有研究表明，企业获得驰名商标认定后，企业绩效存在显著改善，但是民营企业在获得中国驰名商标认定后所释放出的绩效效应显著高于国有企业（胡玉蓉，2013）。虽然 2005—2007 年我国上市基本完成了“股权分置改革”，优化了证券市场制度和上市公司治理结构，但是按照超产权理论中的竞争理论观点，提高企业的市场绩效不仅需要有明晰的产权，还必须加强产权的市场竞争程度。国有企业产权改革是一个不断发展、循序渐进的过程，短期内产权缺乏竞争环境，企业运营低效，商标培育和商标运用仍然存在问题。

黄浩（2011）认为由于国有企业体制上的问题导致企业经营活力不足，缺乏对市场研究分析，市场意识落后，商标形象老化，商标资产核心价值流失严重。肖慧敏（2013）认为目前国有企业没有明确的品牌创建和发展意识，企业经营注重整体规模的扩张，不注重企业质量的提高最主要的体现就是忽视品牌发展。罗子明（2015）

认为国有企业相较其他非国有性质的企业来说，享有特殊的产权制度、特殊的所有权结构、特殊的融资渠道等多种“特殊性”待遇，国有企业的特殊性导致国有企业品牌建设的复杂性。体现在三个方面：第一，国有企业拥有的商标多为“国家品牌”，多处于垄断行业，缺乏竞争环境；第二，国有企业“被保护”的身份束缚其在市场竞争中的创造力和活力，商标发展停滞不前；第三，国有企业管理主体的特殊性致使品牌建设与企业经营实际长期脱节，品牌价值在全球竞争中普遍较低。此外，国有企业公司治理问题依旧严重，如政府过多干预企业内部经营活动，国企领导任命缺乏市场机制，董事会、监事会和经理层权责不明确等。基于上述分析本书提出如下假设。

H4 -3a：获得驰名商标认定后，相对于国有企业，非国有企业价值提升更加显著。

H4 -3b：获得驰名商标认定后，相对于国有企业，非国有企业拥有的与驰名商标商品（服务）同类的注册商标数量越多，企业价值提升更加显著。

三　商标权运用对企业价值的影响：不同企业技术特征

商标品牌是企业经营管理水平、科研技术投入、产品和服务品质的集中体现，商标品牌不仅代表企业良好的商业信誉，还标志着产品较高的质量和技术水平。戴明辉（2006）认为品牌战略对高科技企业发展意义重大，因为随着经济全球化和市场竞争的进一步深化，高科技企业产品的技术优势不断递减，产品特性也逐步趋同，高科技企业如果要形成持久的市场竞争优势，建立科技品牌是行之有效的方式。崔文丹（2008）认为评估高新技术企业竞争能力的核心内容是品牌资产，一般情况下，高新技术企业的品牌资产价值越高，企业的知名度和美誉度就越高，受此影响，企业的股票升值空间就越大，企业的竞争力也就越强。郭萍等（2008）认为高新技术企业拥有的强势品牌有以下重要作用：第一，高科技企业面临高于普通企业的技术风险，强势的技术品牌减少企业研发、推广新产品的市场风险；第二，强势品牌吸引消费者反复购买该品牌拥有企业的同类产品或服务，形成消费习惯；第三，品牌优势增强企业投资者信心，获得更多的资金支持；第四，品牌资产使企业获得的经济利益成倍增长；第五，企业通过强势品牌在市场中的营销网络开展各项企业经营活动，降低运营成本，有效利用企业资源；第六，企业可以利用优势品牌进行投资、兼并、重组等活动，还可以进行跨行业、多元化经营，获得更大发展空间。

总之，驰名商标作为主要的商标品牌是企业核心竞争力的外在体现，高科技企业拥有驰名商标有利于增强企业的市场竞争能力和持续成长能力，有利于解决企业产品更新换代快和盈利持续性差的问题，有利于为企业培育忠诚的客户群，有利于企业新技术、新产品在市场中的顺利推广。基于上述分析本书提出如下假设。

H4－4a：获得驰名商标认定后，相对于非技术型企业，技术型企业价值提升更加显著。

H4－4b：获得驰名商标认定后，相对于非技术型企业，技术型企业拥有的与驰名商标商品（服务）同类的注册商标数量越多，企业价值提升更加显著。

第二节　研究设计

一　数据来源与样本选择

2003 年 6 月由国家工商行政总局通过了《驰名商标认定和保护规定》，标志着中国驰名商标认定制度规范化、法治化的正式开始，因此选取 2004—2015 年获得中国驰名商标认定的上市公司为样本；中国驰名商标资料来源于中华人民共和国国家工商行政管理总局商标局网站，上市公司拥有的与驰名商标商品（服务）同类的注册商标数据通过商标局的商标查询网站手工收集获得，其他财务数据来自CSMAR数据库和Wind数据库。由于仅本章的研究设计涉及上市公司驰名商标认定前后企业价值的变化，因此数据处理时以驰名商标认定当年为“基年”，研究驰名商标认定前、后各两个会计年度的财务指标数据，其余章节均以驰名商标认定后的相关数据作为分析基础。[①] 参照以往文献的做法，本章对样本进行了如下处理：（1）由于金融行业会计处理方法与其他行业不同，剔除金融行业数据；（2）由于ST公司可能会对结果带来一些偏误，剔除ST公司；（3）剔除变量有缺失的样本，并对相应的连续变量进行1%—99%的缩尾处理，最终本章的研究样本总数为1469个。

二　变量定义

（一）被解释变量

本书的被解释变量为企业价值，采用托宾Q值（Tobin's Q），企业的市场价值与资本重置成本之比。该指标基本计算公式为Tobin's Q =（股权市值 + 净债务市值）/期末总资产，其中股权市值中，非流通股权市值用流通股股价代替计算；净债务市值 = 负债总额 - 应付职工薪酬 - 应付税费 - 应付股利 - 其他应付款 - 递延所得税负债。Tobin's Q可以反映企业运用资源创造的价值和投入资产的成本之间的大小关系。如果Tobin's Q大于1，表明企业能够有效利用资源创造价值，即企业价值高；反之，企业对资源的利用效率较差，即企业价值低。

① 本书无意研究中国驰名商标认定事件对企业价值的具体影响，本书的研究主题是以企业获得驰名商标认定后，“品牌效应”得以放大为研究契机与基础，研究商标权战略（具体包括形成、运用、管理、保护）对企业价值的影响。

（二）解释变量

1. 驰名商标认定（Recognition，Ren）

根据2014年国家工商行政管理总局颁布的《驰名商标认定和保护规定》，驰名商标是在中国为相关公众所熟知的商标，认定驰名商标应当考虑下列因素：（1）相关公众对该商标的知晓程度；（2）该商标使用的持续时间；（3）该商标的任何宣传工作的持续时间、程度和地理范围；（4）该商标作为驰名商标受保护的记录；（5）该商标驰名的其他因素。本书将驰名商标认定设定为虚拟变量，上市公司获得驰名商标认定取值为1；上市公司未获得驰名商标认定取值为0。

2. 驰名商标强度（Well-know Trademark Intensity，WTI）

考虑到公司规模对商标数量有一定影响，借鉴Greenhalgh，Rogers（2012）的研究使用商标强度作为衡量指标，本书将驰名商标强度定义为每百万元人民币资产所含有的与驰名商标商品（服务）同类的注册商标数量。

（三）控制变量

借鉴Hall（1993）、Nicholas（2002）、Toivanen et al.（2002）、Mehrazeen et al.（2012）和吴超鹏（2016）等学者的研究，选择如下变量作为控制变量如表4—1所示。（1）公司规模，用企业期末总资产的自然对数来衡量，如果企业规模越大，拥有的资源越多，则创造价值的能力越高；（2）债务权益比，本书选择负债总额与权益总额的比值作为资本结构的控制变量；（3）营业收入增长率，用企业当期营业收入增长值/上期营业收入来衡量，营业收入增长率越高，创造的企业价值越大；（4）固定资产比重，用固定资产/总资产进行计算；（5）无形资产比重，考虑到除去商标资产价值对公司绩效的影响作用外，专利、非专利技术等其他无形资产对结果也有一定的影响，用无形资产/总资产进行计算，一般情况下，代表企业核心竞争力的无形资产对企业价值有一定的提升作用；(6) 销售费用比重，一些研究表明广告投入会提高商标知名度、商标价值乃至公司价值，但是企业在销售费用中列支的包装费和展览费同样可以影响商标品牌的知名度，而且大部分企业中广告费用占全部销售费用的比例较大，因此最终采用销售费替代广告投资，用销售费用/营业收入进行计算；(7) 公司成立年限，用公司成立年限的自然对数衡量，公司成立年限越长，信誉度越好，商标权价值和公司价值越大；(8) 第一大股东持股比例，用第一大股东持股占总股本的比例来衡量，控制公司治理水平对企业价值的影响；(9) 所有权性质，如果企业是国有企业设定为1，非国有企业设定为0；(10) 企业技术特征，根据中华人民共和国科学技术部 2008 年 4 月颁布的《高新技术企业认定管理办法》，其中国家重点支持的高新技术领域包括：电子信息技术、生物与新医药技术、航空航天技术、新材料技术、高科技服务业、新能源与节能技术、资源与环境技术、先进制造与自动化技术，将所有企业划分为高新技术企业与非高新技术企业，高新技术企业设定为1，非高新技术企业设定为0。最后，为了控制行业因素和年度因素影响，模型中加入行业虚拟变量 (Ind) 和年度虚拟变量 (Year)，行业虚拟变量按照证监会制定的行业分类标准进行划分，制造业按二级行业分类，其余行业按一级行业分类。

表 4—1　　主要变量定义表

被解释变量	托宾 Q 值	Tobin's Q	（股东权益市值 + 净债务市值）/第 t 年末资产总额
解释变量	驰名商标认定	TMR	上市公司获得中国驰名商标认定取值为 1；上市公司未获得中国驰名商标认定取值为 0
	驰名商标强度	WTI	每亿元人民币资产所含有的与驰名商标商品（服务）同类的注册商标数量

续表

控制变量	公司规模	Size	期末总资产的自然对数
	债务权益比	LEV	期末负债/期末所有者权益
	营业收入增长率	Salerate	企业当期营业收入增加值/上期营业收入
	固定资产比重	Tang	期末固定资产占期末总资产的比值
	无形资产比重	Inta	期末无形资产净额/期末总资产
	销售费用比重	Sesa	当期销售费用/当期营业收入
	公司成立年限	Firmage	公司成立年限的自然对数
	第一大股东持股比例	Fsrate	第一大股东持股占总股本的比例
	所有权性质	Ownership	国有企业设定为 Ownership = 1，非国有企业设定为 Ownership = 0
	企业技术特征	Htfirm	高新技术企业设定为 Htfirm = 1，非高新技术企业设定为 Htfirm = 0
	行业虚拟变量	Ind	控制行业因素的影响
	年度虚拟变量	Year	控制年度因素的影响

三　计量模型

（一）基本模型

为检验研究假设 H4－1，本书基于理论模型及前人研究的计量模型形式构建如下实证模型：

$$\begin{aligned} Tobin's\ Q_{it} = {} & b_0 + b_1 TMR_{it} + b_2 Size_{it} + b_3 LEV_{it} + b_4 Salerate_{it} \\ & + b_5 Tang_{it} + b_6 Inta_{it} + b_7 Sesa_{it} + b_8 Firmage_{it} \\ & + b_9 Fsrate_{it} + b_{10} Ownership_{it} + b_{11} Htfirm_{it} \\ & + Ind + Year + \varepsilon_{i,t} \end{aligned} \tag{4.1}$$

模型（4.1）中，若 TMR_{it} 的系数 b_1 显著大于零，则表明获得中国驰名商标认定后，企业价值较认定前有显著提升。

为检验研究假设 H4－2，本书基于理论模型及前人研究的计量模型形式构建如下实证模型：

$$Tobin's\ Q_{it} = b_0 + b_1 TMR_{it} + b_2 TMR_{it} \times WTI_{it} + b_3 WTI_{it} + b_4 Size_{it} + b_5 LEV_{it} + b_6 Salerate_{it} + b_7 6Tang_{it} + b_8 Inta_{it} + b_9 Sesa_{it} + b_{10} Firmage_{it} + b_{11} Fsrate_{it} + b_{12} Ownership_{it} + b_{13} Htfirm_{it} + Ind + Year + \varepsilon_{i,t} \quad (4.2)$$

模型（4.2）中，TMR_{it}与WTI_{it}相乘，若交乘项系数b_2显著大于零，则表明获得驰名商标认定后，随着企业拥有的与驰名商标商品（服务）同类的注册商标数量的增多，企业价值越高。

（二）模型分组

为检验研究假设 H4－3a、H4－3b、H4－4a、H4－4b，本章将采用两个变量分别对模型（4.1）和模型（4.2）分组进行检验。分组参照的变量：一是企业所有权性质变量；二是企业技术状况。

第三节　实证分析

一　描述性统计分析

由表4—2描述性统计可以看出，我国上市公司驰名商标强度（WTI）平均值为9.184，相应驰名商标强度的最低与最高值分别为0和231.228，标准差为27.541，差距较为悬殊，说明不同企业之间采用的商标延伸策略差异性较大。对于其他主要变量，样本企业的Tobin's Q均值为2.276，企业规模（Size）的对数均值为21.885，在合理范围内。财务杠杆（LEV）均值为1.085，营业收入增长率（Salerate）均值为18.3%，固定资产比重（Tang）均值是28%，无形资产比重（Inta）均值为4.7%，销售费用比重（Sesa）均值为7.8%，公司成立年限（Firmage）对数值为2.451，第一大股东持股比例（Fsrate）均值为36.7%，基本数据没有太大偏差。

表 4—2　变量描述性统计

Variable	N	mean	sd	min	median	max
Tobin's Q	1469	2. 276	1. 322	0. 910	1. 873	7. 889
TMR	1469	0. 695	0. 461	0	1	1
WTI	1469	9. 184	27. 541	0	0	231. 228
Size	1469	21. 885	1. 110	19. 937	21. 720	25. 528
LEV	1469	1. 085	0. 954	0. 053	0. 850	5. 766
Salerate	1469	0. 183	0. 299	-0. 396	0. 145	1. 646
Tang	1469	0. 280	0. 155	0. 014	0. 255	0. 699
Inta	1469	0. 047	0. 038	0	0. 037	0. 223
Sesa	1469	0. 078	0. 087	0. 002	0. 048	0. 462
Firmage	1469	2. 451	0. 406	1. 099	2. 485	3. 219
Fsrate	1469	0. 367	0. 149	0. 089	0. 352	0. 750
Ownership	1469	0. 451	0. 498	0	0	1
Htfirm	1469	0. 505	0. 500	0	1	1

二　单变量分析

表 4—3 是对商标权运用中的商标定位策略进行了单变量分析，由表所示，对度量商标定位策略的变量——驰名商标认定（TMR）分别按照不同企业所有权性质和不同企业技术特征进行了分组。在不同企业所有权性质下，国有上市公司的驰名商标认定的均值和中位数分别为 0. 650 和 1，非国有上市公司的驰名商标认定的均值和中位数分别为 0. 732 和 1，T 检验和秩和检验均在 1% 水平下显著。在不同企业技术特征下，高新技术上市公司的驰名商标认定均值和中位数分别为 0. 673 和 1，非高新技术上市公司的驰名商标认定均值和中位数分别为 0. 718 和 1，T 检验和秩和检验均在 10% 水平下显著。综上所述，驰名商标定位策略在不同企业所有

权性质和不同企业技术特征下都有显著性差异，且非国有上市公司明显大于国有上市公司，非高新技术上市公司明显大于高新技术上市公司。

表4—3　　驰名商标认定的单变量分析

variable	N	mean	sd	min	median	max	T检验	秩和检验
TMR：不同所有权性质								
国有	662	0.650	0.477	0	1	1	3.416***	3.428***
非国有	807	0.732	0.443	0	1	1		
TMR：不同企业技术特征								
高新技术	742	0.673	0.470	0	1	1	1.896*	1.894*
非高新技术	727	0.718	0.450	0	1	1		

注：***、*分别表示回归系数在1%、10%水平下显著。

表4—4是对商标权运用中的商标延伸策略进行了单变量分析，由表所示，对度量商标延伸策略的变量——驰名商标强度（WTI）分别按照不同企业所有权性质和不同企业技术特征进行了分组。在不同企业所有权性质下，国有上市公司的驰名商标强度的均值和中位数分别为7.920和0，非国有上市公司的驰名商标强度的均值和中位数分别为10.200和0，T检验和秩和检验均显著，其中秩和检验显著性更强。在不同企业技术特征下，高新技术上市公司的驰名商标强度均值和中位数分别为9.337和0，非高新技术上市公司的驰名商标强度均值和中位数分别为9.005和0，T检验和秩和检验均不显著。综上所述，商标延伸策略在不同企业所有权性质下有显著性差异，且非国有上市公司明显大于国有上市公司；商标延伸策略在不同企业技术特征下没有显著差异。

表 4—4　　驰名商标强度的单变量分析

variable	N	mean	sd	min	median	max	T 检验	秩和检验
WTI：不同所有权性质								
国有	662	7.920	25.976	0	0	231.228	1.409*	3.045***
非国有	807	10.200	28.736	0	0	231.228		
WTI：不同企业技术特征								
高新技术	742	9.337	26.545	0	0	231.228	-0.227	-0.498
非高新技术	727	9.005	28.538	0	0	231.228		

注：***、* 分别表示回归系数在 1%、10% 水平下显著。

表 4—5 给出了主要变量的相关系数，如表所示，Tobin's Q 与驰名商标认定（TMR）的相关系数为 0.015，且该系数在 5% 上显著，Tobin's Q 与驰名商标强度（WTI）的相关系数为 0.137，且该系数在 1% 上显著。初步说明企业运用商标定位策略，获得驰名商标认定能够提高企业价值；企业运用商标延伸策略，驰名商标强度越高，企业价值越大，初步证实了假设 H4-1 和 H4-2。另外对于其他控制变量，从控制变量之间的系数与显著性来看，变量之间不存在严重的多重共线性。

三　多元回归分析

本节通过构建多元回归模型来检验本章的主要结论。首先利用主回归模型检验商标权具体运用策略对企业价值的影响，然后检验在不同企业所有权性质和不同企业技术特征下，商标权具体运用策略对企业价值的影响是否存在差异。

（一）商标权运用对企业价值影响的实证研究

为了检验假设 H4-1 和 H4-2，本书对公式（4.1）和公式（4.2）进行回归，结果如表 4—6 所示。表 4—6 中（1）—（2）列为商标定位策略对企业价值的影响，即对公式（4.1）的检验，从中可以看出，驰名商标认定变量的系数为 0.197，系数在 1% 水平上

表 4—5　　主要变量的相关性系数分析

	Tobin's Q	TMR	WTI	Size	LEV	Salerate	Tang	Inta	Sesa	Firmage	Fsrate	Ownership	Htfirm
Tobin's Q	1												
TMR	0. 015[b]	1											
WTI	0. 137[a]	0. 004	1										
Size	-0. 283[a]	0. 086[a]	-0. 200[a]	1									
LEV	-0. 260[a]	-0. 021	-0. 090[a]	0. 388[a]	1								
Salerate	0. 165[a]	0. 046	0. 042[b]	0. 059[a]	0. 064[a]	1							
Tang	-0. 166[a]	-0. 076[a]	-0. 062[a]	0. 121[a]	0. 074[a]	-0. 055[a]	1						
Inta	0. 053[a]	0. 040	0. 038	-0. 037	0. 030	0. 034	-0. 048[a]	1					
Sesa	0. 248[a]	0. 229[a]	0. 228[a]	-0. 142[a]	-0. 158[a]	-0. 073[a]	-0. 174[a]	0. 077[a]	1				
Firmage	0. 035	0. 087[a]	0. 087[a]	0. 243[a]	0. 165[a]	-0. 051[b]	0. 064[a]	0. 111[a]	0. 061[a]	1			
Fsrate	-0. 033	0. 030	0. 030	0. 056[a]	-0. 003	0. 042	0. 081[a]	-0. 071[a]	0. 013	-0. 251[a]	1		
Ownership	-0. 142[a]	-0. 090[a]	-0. 041	0. 224[a]	0. 262[a]	-0. 027	0. 209[a]	0. 015	-0. 108[a]	0. 175[a]	0. 095[a]	1	
Htfirm	0. 023	-0. 049	0. 006[b]	-0. 162	-0. 057[b]	-0. 013	-0. 037	0. 009	-0. 008	-0. 096[a]	-0. 096[a]	-0. 034	1

注：a 和 b 分别代表系数在 1% 与 5% 水平上显著。

显著，说明上市公司获得驰名商标认定后，企业价值有明显的提升，商标定位策略对企业价值存在显著正向影响，支持了假设 H4－1。

表4—6中（3）—（4）列为商标延伸策略对企业价值的影响，即对公式（4.2）的检验，从中可以看出，驰名商标认定变量和驰名商标强度变量交乘项的系数为0.175，系数在10%水平上显著，驰名商标认定变量系数为0.184，系数在5%水平上显著，驰

表4—6　　商标权运用对企业价值影响的实证结果

变量	商标定位策略		商标延伸策略	
	(1)	(2)	(3)	(4)
	系数	t值	系数	t值
TMR	0.197***	(2.80)	0.184**	(2.88)
WTI			0.267**	(2.06)
TMR×WTI			0.175*	(1.71)
Size	－0.980***	(－10.77)	－1.000***	(－5.73)
LEV	－0.095**	(－2.09)	－0.219***	(－4.68)
Salerate	0.455***	(6.19)	0.469***	(5.50)
Tang	－0.039	(－0.12)	－0.082	(－0.20)
Inta	－0.624	(－0.62)	－0.624	(－0.462)
Sesa	－0.663	(－0.66)	－0.388	(－0.21)
Firmage	－0.288	(－0.73)	－0.408	(－1.12)
Fsrate	0.005	(1.11)	0.004	(0.57)
Ownership	0.085	(0.46)	0.080	(0.41)
Htfirm	0.063	(0.68)	0.064	(0.67)
Constant	4.796***	(5.72)	4.815***	(5.65)
Ind	Control		Control	
Year	Control		Control	
调整 R^2	0.373		0.374	
观测值	1469		1469	

注：***、**、*分别表示回归系数在1%、5%、10%水平下显著，标准误差经过公司层面cluster调整。

名商标强度变量系数为 0.267，系数在 5% 水平上显著，说明上市公司获得驰名商标认定后，企业运用商标延伸策略，企业拥有的与驰名商标商品（服务）同类的注册商标数量越多，企业价值越大，商标延伸策略对企业价值存在显著正向影响，证明了假设 H4－2。

（二）不同所有权性质下商标权运用对企业价值影响的实证研究

为了进一步检验假设 H4－1 和 H4－2，本书对相应的子样本进行分析，具体按照企业所有权性质将上市公司分为国有企业与非国有企业，对于企业所有权性质变量，当企业是国有企业时，设定为 Ownership = 1，其他情况设定为 Ownership = 0。表 4—7 中的（1）—（2）列为不同企业所有权性质下商标定位策略的回归结果，在国有企业中，驰名商标认定变量系数为 0.060，但不显著；在非国有企业中，驰名商标认定变量系数为 0.293，在 1% 水平下显著。这说明驰名商标认定对企业价值的提升作用在国有企业中不存在，驰名商标认定对企业价值的提升作用在非国有企业中十分明显，支持了假设 H4－3a。

表 4—7 中（3）—（4）列为不同企业所有权性质下商标延伸策略的回归结果，在国有企业中，驰名商标认定变量和驰名商标强度变量交乘项的系数为 0.139，不显著；在非国有企业中，驰名商标认定变量和驰名商标强度变量交乘项的系数为 0.398，在 10% 水平下显著，这说明商标延伸策略只在非国有企业中起到一定作用，促进了企业价值的提升，国有企业不存在上述关系，假设 H4－3b 通过检验。此外，非国有企业中驰名商标认定变量系数为 0.281，在 1% 水平下显著，驰名商标强度变量系数为 0.325，在 10% 水平下显著，而国有企业中同样变量系数均不显著，也进一步说明在商标权运用中，相比国有企业，非国有企业更有效率。

表 4—7　　不同所有权性质下商标权运用对企业价值影响的实证结果

变量	商标定位策略		商标延伸策略	
	(1)	(2)	(3)	(4)
	Ownership = 1	Ownership = 0	Ownership = 1	Ownership = 0
TMR	0.060 (0.60)	0.293 *** (2.99)	0.028 (0.27)	0.281 *** (2.84)
WTI			0.219 (1.13)	0.325 * (1.72)
TMR × WTI			0.139 (1.11)	0.398 * (1.70)
Size	-0.762 *** (-5.25)	-1.188 *** (-9.58)	-0.748 *** (-5.16)	-1.186 *** (-9.56)
LEV	-0.180 *** (-2.86)	-0.127 * (-1.65)	-0.170 *** (-2.69)	-0.134 * (-1.74)
Salerate	0.408 *** (3.68)	0.434 *** (4.46)	0.405 *** (3.64)	0.430 *** (4.41)
Tang	-0.140 (-0.30)	0.505 (1.11)	-0.088 (-0.18)	0.492 (1.08)
Inta	-3.139 ** (-2.25)	2.550 * (1.75)	-2.804 ** (-2.00)	2.660 * (1.82)
Sesa	1.949 (1.16)	-2.500 ** (-2.01)	2.055 (1.23)	-2.467 ** (-1.98)
Firmage	-0.502 (-0.66)	-0.566 (-1.19)	-0.384 (-0.50)	-0.561 (-1.18)
Fsrate	0.025 *** (3.68)	-0.011 * (-1.71)	0.024 *** (3.53)	-0.011 * (-1.72)
Htfirm	-0.080 (-0.64)	-0.078 (-0.59)	-0.081 (-0.65)	-0.078 (-0.59)
Constant	3.850 ** (2.21)	6.415 *** (6.78)	3.580 ** (2.05)	6.429 *** (6.79)

续表

变量	商标定位策略		商标延伸策略	
	(1)	(2)	(3)	(4)
	Ownership = 1	Ownership = 0	Ownership = 1	Ownership = 0
Ind	Control	Control	Control	Control
Year	Control	Control	Control	Control
调整 R^2	0.361	0.432	0.363	0.431
观测值	662	807	662	807

注：***、**、* 分别表示回归系数在 1%、5%、10% 水平下显著，标准误差经过公司层面 cluster 调整。

（三）不同技术特征下商标权运用对企业价值影响的实证研究

表 4—8 是按照不同企业技术特征进一步检验假设 H4－1 和 H4－2，对于企业技术特征，当企业为高新技术企业时，设定为 Htfirm = 1，当企业为非高新技术企业时，设定为 Htfirm = 0。表中的（1）—（2）列为不同企业技术特征下商标定位策略的回归结果，在高科技企业中，驰名商标认定变量系数为 0.273，在 1% 水平下显著；在非高科技企业中，驰名商标认定变量系数为 0.101，不显著。这说明相对于非技术型企业，技术型企业的驰名商标认定能够显著提高企业价值，支持了假设 H4－4a。

表 4—8 中（3）—（4）列为不同企业技术特征下商标延伸策略的回归结果，在高科技企业与非高科技企业中，驰名商标认定变量和驰名商标强度变量交乘项的系数分别为 0.266 和 0.111，虽为正值但均不显著。说明两类不同技术特征的企业中，商标延伸策略对企业价值均没有明显正向影响，假设 H4－4b 未通过检验。

表 4—8　　不同技术特征下商标权运用对企业价值影响的实证结果

变量	商标定位策略		商标延伸策略	
	(1)	(2)	(3)	(4)
	Htfirm = 1	Htfirm = 0	Htfirm = 1	Htfirm = 0
TMR	0. 273 *** (2. 73)	0. 101 (1. 04)	0. 245 ** (2. 38)	0. 092 (0. 94)
WTI			-0. 250 (-1. 18)	-0. 201 (-1. 24)
TMR × WTI			0. 266 (1. 12)	0. 111 (1. 00)
Size	-1. 123 *** (-8. 24)	-0. 846 *** (-6. 91)	-1. 109 *** (-8. 11)	-0. 840 *** (-6. 84)
LEV	-0. 058 (-0. 79)	-0. 089 (-1. 51)	-0. 061 (-0. 83)	-0. 092 (-1. 55)
Salerate	0. 314 *** (3. 13)	0. 604 *** (5. 77)	0. 322 *** (3. 21)	0. 606 *** (5. 78)
Tang	0. 018 (0. 04)	0. 100 (0. 22)	0. 036 (0. 08)	0. 121 (0. 27)
Inta	2. 502 * (1. 69)	-3. 411 ** (-2. 51)	2. 648 * (1. 77)	-3. 256 ** (-2. 39)
Sesa	1. 359 (1. 02)	-3. 841 ** (-2. 43)	1. 478 (1. 10)	-3. 800 ** (-2. 41)
Firmage	-0. 985 * (-1. 88)	0. 228 (0. 39)	-0. 999 * (-1. 90)	0. 218 (0. 37)
Fsrate	-0. 002 (-0. 29)	0. 013 ** (2. 22)	-0. 001 (-0. 16)	0. 013 ** (2. 06)
Ownership	0. 326 (1. 57)	-0. 317 (1. 41)	0. 409 * (1. 91)	-0. 335 (-1. 48)
Constant	6. 387 *** (5. 80)	5. 455 *** (3. 11)	6. 359 *** (5. 76)	5. 489 *** (3. 13)
Ind	Control	Control	Control	Control
Year	Control	Control	Control	Control
调整 R^2	0. 412	0. 392	0. 411	0. 392
观测值	742	727	742	727

注：***、**、* 分别表示回归系数在 1%、5%、10% 水平下显著，标准误差经过公司层面 cluster 调整。

四　稳健性检验

（一）公司价值变量的其他度量

本节将使用公司价值变量的其他度量方式，以此进一步检验回归结论的正确性。具体地，用 MBOOK 来衡量企业价值，MBOOK（市值账面比）为股权的市场价值除以账面价值，对本章假设进行检验。结果如表所示，当被解释变量公司价值用 MBOOK 替代时，在商标定位策略中，如表 4—9 中（1）列，驰名商标认定变量的系数为 0.312，系数在 5% 水平上显著，说明上市公司获得驰名商标认定后，企业价值有明显的提升，进一步证明了假设 H4 - 1；在商标延伸策略中，如表 4—9 中（6）列，驰名商标认定变量和驰名商标强度变量交乘项的系数为 0.010，系数在 10% 水平上显著，驰名商标认定变量系数为 0.299，系数在 5% 水平上显著，驰名商标强度变量系数为 0.030，系数在 5% 水平上显著，说明上市公司获得驰名商标认定后，企业运用商标延伸策略，企业拥有的与驰名商标商品（服务）同类的注册商标数量越多，企业价值越大，进一步证明了假设 H4 - 2。其他结果如表 4—9 中（2）—（5）列和（7）—（10）列所示，主要结论不变。

（二）驰名商标强度的其他度量

以公司所拥有的商标数量除以总资产来度量公司商标产出的原因是：第一，这是由理论模型的等式得出的度量方法；第二，国外相关研究采用这样的度量方式。考虑到结果的稳健型，本书分别以“拥有与驰名商标商品（服务）同类的注册商标数量除以销售收入”和“拥有与驰名商标商品（服务）同类的注册商标数量的自然对数”来度量公司的驰名商标强度指标。

WTS 为每百万元人民币销售收入所含有的与驰名商标商品（服务）同类的注册商标数量。结果如表 4—10 所示，在商标定位

表 4—9　企业价值度量的稳健性检验

变量	商标定位策略（MBOOK）					商标延伸策略（MBOOK）				
	(1)	(2)	(3)	(4)	(5)	(6)	(7)	(8)	(9)	(10)
	All	Ownership = 1	Ownership = 0	Htfirm = 1	Htfirm = 0	All	Ownership = 1	Ownership = 0	Htfirm = 1	Htfirm = 0
TMR	0.312 **	0.150	0.437 **	0.493 **	0.093	0.299 **	0.094	0.447 **	0.498 **	0.083
	(2.17)	(0.77)	(2.11)	(2.34)	(0.49)	(2.05)	(0.47)	(2.13)	(2.28)	(0.43)
WTI						0.030 **	−0.004	0.043	0.001	−0.003
						(2.00)	(−1.10)	(1.08)	(0.23)	(−0.83)
TMR × WTI						0.010 *	0.007	0.036 *	−0.001	0.001
						(1.69)	(1.46)	(1.72)	(−0.11)	(0.59)
Size	−2.141 ***	−1.648 ***	−2.468 ***	−2.587 ***	−1.767 ***	−2.134 ***	−1.630 ***	−2.468 ***	−2.591 ***	−1.759 ***
	(−11.53)	(−5.84)	(−9.40)	(−8.99)	(−7.39)	(−11.48)	(−5.77)	(−9.38)	(−8.96)	(−7.34)
LEV	1.885 ***	1.395 ***	2.284 ***	1.826 ***	1.953 ***	1.881 ***	1.411 ***	2.287 ***	1.826 ***	1.950 ***
	(10.24)	(11.40)	(14.07)	(11.77)	(10.95)	(10.16)	(11.49)	(14.03)	(11.75)	(10.89)
Salerate	0.965 ***	0.833 ***	0.906 ***	0.654 ***	1.322 ***	0.971 ***	0.820 ***	0.908 ***	0.651 ***	1.326 ***
	(6.44)	(3.86)	(4.39)	(3.09)	(6.47)	(6.47)	(3.78)	(4.38)	(3.06)	(6.47)
Tang	−0.961	−0.696	0.611	−0.888	−0.616	−0.934	−0.622	0.616	−0.892	−0.589
	(−1.44)	(−0.75)	(0.63)	(−0.89)	(−0.71)	(−1.40)	(−0.67)	(0.64)	(−0.89)	(−0.68)

续表

变量	商标定位策略（MBOOK）					商标延伸策略（MBOOK）				
	(1)	(2)	(3)	(4)	(5)	(6)	(7)	(8)	(9)	(10)
	All	Ownership = 1	Ownership = 0	Htfirm = 1	Htfirm = 0	All	Ownership = 1	Ownership = 0	Htfirm = 1	Htfirm = 0
Inta	0.489	-2.622	3.725	6.712**	-5.282**	0.704	-2.134	3.731	6.618**	-5.090*
	(0.24)	(-0.97)	(1.21)	(2.15)	(-1.99)	(0.34)	(-0.78)	(1.20)	(2.09)	(-1.91)
Sesa	-0.928	1.694	-3.478	1.383	-5.633*	-0.819	1.835	-3.426	1.317	-5.571*
	(-0.45)	(0.52)	(-1.32)	(0.49)	(-1.83)	(-0.40)	(0.56)	(-1.30)	(0.46)	(-1.80)
Firmage	0.188	0.842	-1.320	-1.188	1.201	0.188	1.027	-1.310	-1.193	1.188
	(0.23)	(0.57)	(-1.32)	(-1.07)	(1.05)	(0.23)	(0.69)	(-1.30)	(-1.07)	(1.03)
Fsrate	-0.000	0.051***	-0.031**	-0.021*	0.021*	-0.000	0.050***	-0.031**	-0.022*	0.019
	(-0.00)	(3.91)	(-2.34)	(-1.65)	(1.75)	(-0.01)	(3.83)	(-2.30)	(-1.67)	(1.64)
Constant	6.914***	2.208	11.189***	11.237***	6.748**	6.915***	1.743	11.161***	11.267***	6.792**
	(4.04)	(0.65)	(5.58)	(4.83)	(1.97)	(4.04)	(0.51)	(5.55)	(4.83)	(1.98)
Ind	Control	Control	Control	Control	Control	Control	Control	Control	Control	Control
Year	Control	Control	Control	Control	Control	Control	Control	Control	Control	Control
调整 R2	0.463	0.457	0.463	0.458	0.525	0.462	0.457	0.461	0.456	0.523
观测值	1469	662	807	742	727	1469	662	807	742	727

注：***、**、*分别表示回归系数在 1%、5%、10% 水平下显著，标准误差经过公司层面 cluster 调整。

策略中，如表 4—10 中（1）列，驰名商标认定变量的系数为 0. 196，系数在 1% 水平上显著，说明上市公司获得驰名商标认定后，企业价值有明显的提升，进一步证明了假设 H4 - 1；在商标延伸策略中，如表 4—10 中（6）列，驰名商标认定变量和驰名商标强度变量交乘项的系数为 0. 101，系数在 5% 水平上显著，驰名商标认定变量系数为 0. 191，系数在 1% 水平上显著，驰名商标强度变量系数为 0. 010，系数在 5% 水平上显著，说明上市公司获得驰名商标认定后，企业运用商标延伸策略，企业拥有的与驰名商标商品（服务）同类的注册商标数量越多，企业价值越大，进一步证明了假设 H4 - 2。其他结果如表 4—10 中（2）—（5）列和（7）—（10）列所示，主要结论不变。

WTN 为企业拥有与驰名商标商品（服务）同类的注册商标数量的自然对数，由于商标定位策略的回归结果与表 4—10 一致，此处不再赘述。对于商标延伸策略，结果如表 4—11 所示，在表中（1）列驰名商标认定变量和驰名商标强度变量交乘项的系数为 0. 031，系数在 10% 水平上显著，驰名商标认定变量系数为 0. 176，系数在 5% 水平上显著，驰名商标强度变量系数为 0. 010，系数在 5% 水平上显著，假设 H4 - 2 结论不变。其他结果如表 4—10 中（2）—（5）列所示，获得驰名商标认定后，相对于国有企业，非国有企业拥有的与驰名商标商品（服务）同类的注册商标数量越多，企业价值提升更加显著；两类不同技术特征的企业回归结果均不显著，主要结论不变。

（三）内生性问题

在商标定位策略中，驰名商标认定对企业价值的影响可能存在一定的内生性问题，比如一方面驰名商标认定能够正向影响企业价值，但反过来企业价值也会影响驰名商标认定，企业价值较高时，企业在认定过程中更具有实力，容易取得驰名商标认定。为此，本

表 4—10 驰名商标强度度量的稳健性检验（1）

变量	商标定位策略（WTS）					商标延伸策略（WTS）				
	(1)	(2)	(3)	(4)	(5)	(6)	(7)	(8)	(9)	(10)
	All	Ownership = 1	Ownership = 0	Htfirm = 1	Htfirm = 0	All	Ownership = 1	Ownership = 0	Htfirm = 1	Htfirm = 0
TMR	0. 196 *** (2. 78)	0. 060 (0. 60)	0. 293 *** (2. 99)	0. 273 *** (2. 73)	0. 101 (1. 04)	0. 191 *** (2. 65)	0. 028 (0. 28)	0. 287 *** (2. 92)	0. 225 ** (2. 18)	0. 100 (1. 02)
WTS						0. 010 ** (2. 13)	-0. 002 * (-1. 95)	0. 010 ** (2. 02)	0. 002 * (1. 73)	-0. 001 (-1. 09)
TMR × WTS						0. 101 ** (2. 28)	0. 003 (1. 08)	0. 100 ** (2. 71)	0. 003 * (1. 86)	0. 000 (0. 41)
Size	-0. 979 *** (-10. 77)	-0. 762 *** (-5. 25)	-1. 188 *** (-9. 58)	-1. 123 *** (-8. 24)	-0. 846 *** (-6. 91)	-1. 001 *** (-10. 82)	-0. 741 *** (-5. 10)	-1. 187 *** (-9. 56)	-1. 105 *** (-8. 10)	-0. 844 *** (-6. 88)
LEV	-0. 096 ** (-2. 10)	-0. 180 *** (-2. 86)	-0. 127 * (-1. 65)	-0. 058 (-0. 79)	-0. 089 (-1. 51)	-0. 217 *** (-4. 68)	-0. 169 *** (-2. 68)	-0. 128 * (-1. 67)	-0. 061 (-0. 83)	-0. 090 (-1. 52)
Salerate	0. 455 *** (6. 19)	0. 408 *** (3. 68)	0. 434 *** (4. 46)	0. 314 *** (3. 13)	0. 604 *** (5. 77)	0. 456 *** (6. 09)	0. 397 *** (3. 58)	0. 423 *** (4. 30)	0. 323 *** (3. 22)	0. 600 *** (5. 68)
Tang	-0. 033 (-0. 10)	-0. 140 (-0. 30)	0. 505 (1. 11)	0. 018 (0. 04)	0. 100 (0. 22)	-0. 085 (-0. 26)	-0. 063 (-0. 13)	0. 491 (1. 08)	0. 022 (0. 05)	0. 117 (0. 26)

续表

变量	商标定位策略（WTS）					商标延伸策略（WTS）				
	(1)	(2)	(3)	(4)	(5)	(6)	(7)	(8)	(9)	(10)
	All	Ownership = 1	Ownership = 0	Htfirm = 1	Htfirm = 0	All	Ownership = 1	Ownership = 0	Htfirm = 1	Htfirm = 0
Inta	−0.634	−3.139**	2.550*	2.502*	−3.411**	−0.502	−2.746*	2.638*	2.586*	−3.310**
	(−0.63)	(−2.25)	(1.75)	(1.69)	(−2.51)	(−0.49)	(−1.96)	(1.81)	(1.74)	(−2.43)
Sesa	−0.651	1.949	−2.500**	1.359	−3.841**	−0.335	2.293	−2.477**	1.421	−3.675**
	(−0.64)	(1.16)	(−2.01)	(1.02)	(−2.43)	(−0.32)	(1.36)	(−1.98)	(1.06)	(−2.31)
Firmage	−0.286	−0.502	−0.566	−0.985*	0.228	−0.385	−0.395	−0.544	−0.993*	0.232
	(−0.73)	(−0.66)	(−1.19)	(−1.88)	(0.39)	(−0.96)	(−0.52)	(−1.15)	(−1.90)	(0.39)
Fsrate	0.005	0.025***	−0 011*	−0.002	0.013**	0.004	0.023***	−0.011*	−0.001	0.013**
	(1.11)	(3.68)	(−1.71)	(−0.29)	(2.22)	(0.98)	(3.37)	(−1.70)	(−0.15)	(2.12)
Constant	4.796***	3.850**	6.415***	6.387***	5.455***	4.776***	3.603**	6.383***	6.345***	5.441***
	(5.72)	(2.21)	(6.78)	(5.80)	(3.11)	(5.60)	(2.07)	(6.73)	(5.76)	(3.10)
Ind	Control	Control	Control	Control	Control	Control	Control	Control	Control	Control
Year	Control	Control	Control	Control	Control	Control	Control	Control	Control	Control
调整 R2	0.374	0.361	0 432	0.412	0.392	0.374	0.365	0.431	0.414	0.391
观测值	1469	662	307	742	727	1469	662	807	742	727

注：***、**、* 分别表示回归系数在 1%、5%、10% 水平下显著，标准误差经过公司层面 cluster 调整。

表 4—11　　驰名商标强度度量的稳健性检验（2）

变量	商标延伸策略（WTN）				
	(1)	(2)	(3)	(4)	(5)
	All	Ownership = 1	Ownership = 0	Htfirm = 1	Htfirm = 0
TMR	0.176**	0.039	0.299***	0.274**	0.083
	(2.30)	(0.37)	(2.81)	(2.56)	(0.8)
WTN	0.010**	-0.015	0.054**	0.003	0.037
	(2.02)	(-0.33)	(2.11)	(0.10)	(0.76)
TMR × WTN	0.031*	0.036	0.016**	0.002	0.016
	(1.86)	(0.75)	(2.32)	(0.40)	(0.32)
Size	-1.010***	-0.765***	-1.203***	-1.122***	-0.851***
	(-10.88)	(-5.26)	(-9.66)	(-8.19)	(-6.92)
LEV	-0.214***	-0.172***	-0.117	-0.059	-0.087
	(-4.59)	(-2.69)	(-1.51)	(-0.79)	(-1.48)
Salerate	0.464***	0.412***	0.438***	0.314***	0.605***
	(6.21)	(3.7)	(4.49)	-3.12	(5.78)
Tang	-0.098	-0.141	0.516	0.017	0.126
	(-0.30)	(-0.30)	(1.13)	-0.04	(0.28)
Inta	-0.688	-3.082**	2.408*	2.508*	-3.356**
	(-0.67)	(-2.20)	(1.65)	-1.68	(-2.46)
Sesa	-0.521	1.913	-2.630**	1.365 -1.02	-3.883**
	(-0.51)	(1.14)	(-2.11)		(-2.46)
Firmage	-0.395	-0.479	-0.572	-0.986*	0.276
	(-0.98)	(-0.62)	(-1.21)	(-1.87)	(0.47)
Fsrate	0.004	0.025***	-0.011*	-0.002	0.014**
	(1.03)	(3.68)	(-1.70)	(-0.29)	(2.26)
Constant	2.339***	7.888***	8.564***	7.058***	7.998***
	(5.27)	(5.21)	(10.5)	(8.97)	(6.73)
Ind	Control	Control	Control	Control	Control
Year	Control	Control	Control	Control	Control
调整 R2	0.372	0.359	0.431	0.409	0.393
观测值	1469	662	807	742	727

注：***、**、*分别表示回归系数在 1%、5%、10% 水平下显著，标准误差经过公司层面 cluster 调整。

节将度量商标定位策略的变量——驰名商标认定变量（TMR）滞后1期，带入原方程进行相应的回归，具体如表4—12所示。表中（1）—（5）列是采用驰名商标认定变量（TMR）滞后1期进行的回归结果，具体的，第（1）列是检验假设H4-1的结果，第（2）与（3）列是检验假设H4-3a的结果，第（4）与（5）是检验假设H4-4a的结果，结果表明，各项检验均与原检验结论一致。

表4—12　　驰名商标认定对企业价值影响的内生性处理结果

变量	驰名商标认定变量滞后1期				
	(1)	(2)	(3)	(4)	(5)
	All	Ownership = 1	Ownership = 0	Htfirm = 1	Htfirm = 0
L1. TMR	0.085*	0.038	0.117**	0.046**	0.058
	(1.69)	(0.61)	(2.53)	(2.48)	(0.59)
Size	-0.280***	-0.229***	-0.341***	-1.122***	-0.829***
	(-5.92)	(-4.32)	(-3.86)	(-5.16)	(-4.64)
LEV	-0.222***	-0.241***	-0.209**	-0.057	-0.096*
	(-5.22)	(-5.55)	(-2.41)	(-0.78)	(-1.96)
Salerate	0.748***	0.558***	0.832***	0.319***	0.599***
	(6.39)	(3.3)	(4.97)	(2.67)	(5.5)
Tang	-0.671**	-0.822**	-0.638	-0.019	0.087
	(-2.53)	(-2.48)	(-1.33)	(-0.04)	-0.17
Inta	0.18	0.126	0.264	2.503	-3.344*
	(0.17)	(0.09)	(0.17)	(1.56)	(-1.72)
Sesa	3.001***	2.574**	3.199***	1.261	-3.683
	(3.91)	(2.42)	(3.27)	(0.77)	(-1.60)
Firmage	0.193*	0.288	0.182	-1.012**	0.216
	(1.95)	(1.54)	(1.46)	(-2.04)	(0.41)
Fsrate	0.002	0.007*	-0.002	-0.003	0.013*
	(0.58)	(1.93)	(-0.34)	(-0.28)	(1.86)
Constant	1.765***	2.706***	1.924***	6.234***	5.735***
	(6.07)	(4.57)	(4.36)	(5.32)	(3.33)

续表

变量	驰名商标认定变量滞后 1 期				
	(1)	(2)	(3)	(4)	(5)
	All	Ownership = 1	Ownership = 0	Htfirm = 1	Htfirm = 0
Ind	Control	Control	Control	Control	Control
Year	Control	Control	Control	Control	Control
调整 R2	0.435	0.432	0.435	0.566	0.569
观测值	1，469	662	807	742	727

注：***、**、*分别表示回归系数在 1%、5%、10% 水平下显著，标准误差经过公司层面 cluster 调整。

第四节　本章小结

本章主要考察商标权运用策略对企业价值的影响，以我国 2004—2015 年 A 股上市公司作为研究对象，具体研究商标定位策略和商标延伸策略对企业价值的影响。本章的实证研究表明，上市公司获得驰名商标认定后，企业价值有明显的提升。上市公司获得驰名商标认定后，企业运用商标延伸策略，企业拥有的与驰名商标商品（服务）同类的注册商标数量越多，企业价值越大。获得驰名商标认定后，相对于国有企业，非国有企业的绩效提升更加显著；获得驰名商标认定后，相对于国有企业，非国有企业拥有的与驰名商标商品（服务）同类的注册商标数量越多，企业价值提升更加显著。获得驰名商标认定后，相对于非技术型企业，技术型企业价值提升更加显著。商标延伸策略对于两类不同技术特征的企业价值提升均不显著。

本章的研究结论具有以下方面的启示。

首先，商标定位策略对于企业价值有一定的促进作用，实施以创建驰名商标为核心的品牌战略可以引导企业优化整合商标资源，强化优势品牌培育，提高企业的市场竞争力，因此政府部门应当将驰名商标认定制度标准化、规范化和市场化，切实发挥驰名商标认定制度的引导作用。

其次，商标延伸策略可以进一步扩大企业驰名商标的“品牌效应”，即通过企业拥有的驰名商标带动普通商标的信誉度和认可度，提高企业整体商标实力，带动企业价值提升，这一思路为企业商标权战略提供了一定的发展方向。

再次，本章研究发现具有垄断性质的国有和国有控股企业商标经营缺乏效率，品牌效应不足，原因可能在于竞争激励机制与非国有企业存在差距，目前地方政府大力支持本地企业申报驰名商标，一些国有企业在资源配置上具有垄断优势，容易获得驰名商标认定，但是由于缺乏市场竞争机制，导致国有企业品牌培育、品牌经营效率较低，这将是驰名商标认定制度和企业品牌发展战略调整的重点内容。

最后，本章发现商标延伸策略对于两类不同技术特征的企业价值提升均不显著，说明部分企业商标权运用缺乏效率，特别是高新技术企业对品牌运用的重视程度不足。对于高新技术企业来说，培育、运用优势品牌意义重大，因为随着经济全球化和市场竞争的进一步深化，高科技企业产品的技术优势不断递减，产品特性也逐步趋同，高新技术企业如果要形成持久的市场竞争优势，不仅要培育优势品牌，还要发挥优势品牌的价值带动作用，提升商标资产的整体价值，形成持久的高新技术企业的核心竞争力。

第五章

商标权管理与企业价值研究

企业的营销活动与研发活动是商标权管理的重要组成部分，按照企业资源理论，商标作为企业竞争优势的主要载体，不仅是企业营销决策和产品差异化战略的必要组成部分，也是企业将技术优势转为市场竞争优势的集中体现，对商标价值的投入力度必然会对企业的财务与市场绩效产生影响。广告支出和研发支出对企业开发、利用和提高商标价值至关重要，目前学界主要从理论分析方面考察商标权管理对企业绩效的作用，但是对于商标权管理的具体措施能否有效提高企业绩效，这一过程缺乏实证探讨，因此，本章以上市公司广告支出、研发支出对商标资产价值的影响作为研究切入点，分析商标权管理对企业价值的作用机理。本章以我国 2004—2015 年 A 股上市公司为样本，研究商标权具体管理活动与企业价值的相关关系，并在不同企业所有权性质、企业技术特征条件下，进一步检验商标权管理与企业价值之间的关系。

第一节　研究假设

一　商标权管理对企业价值的影响

（一）广告支出的影响分析

市场营销理论将广告分为信息性广告和说服性广告，信息性广告向市场上传递产品的相关信息，改善买方和卖方之间的信息不对称状况，引导消费者购买产品；说服性广告劝说消费者建立对某种产品的好感，形成对该产品的忠诚度。大量研究表明，在产品质量价格等其他方面不变的情况下，企业广告支出可以增加产品的销售量，增强商标资产的品牌效应，提升企业绩效。

广告支出不仅可以吸引消费者关注，产生品牌效应，增强品牌优势，而且随着商标延伸策略的运用进一步强化。依据 Erickson and Jacobson（1992）的观点，一方面广告支出可以提高品牌知名度，产生品牌溢价，提高产品的市场价格；另一方面，广告支出可以为企业建立营销壁垒，迫使潜在的竞争对手支出大量的广告费用吸引消费者关注。Smith（1992）研究对延伸品牌和单一品牌投入广告的不同效果，这种差异有四个方面影响因素：品牌自身、品牌延伸产品、品牌延伸中的营销策略、品牌延伸的市场竞争状况，最终认为延伸品牌的广告投入效果强于单一品牌。Balachander and Ghose（2003）认为企业运用品牌延伸策略，一方面通过已有品牌的优势，能够在市场中相对容易地推广企业生产的其他产品；另一方面，延伸出的新品牌也可以反作用于母品牌的形象和价值，广告费用的投入影响了母品牌与新品牌之间的相互作用，在一定程度上能激发企业品牌延伸策略中的价值溢出效应。

大多数研究认为，广告支出对企业绩效有显著的影响，具体来说，广告支出可以增加企业销售收入（Hirschey，1982）、提高企业利润（Erickson and Jacobson，1992）、提升公司价值（Joshi and Hanssens，2010）。Ho et al.（2005）认为公司的研发支出和广告支出可以对公司的股票价格产生积极的影响，研究发现密集的广告支出对于非制造业企业一年的股价表现有显著正向影响，制造业企业中有广告支出的对股价的影响时间更久。Mcalister et al.（2007）

认为企业的广告支出和研发支出能够创造无形资产价值，影响股价变动，降低企业系统风险。Hsu and Jang（2008）研究了餐饮企业广告支出、无形资产价值和股票收益风险之间的关系，发现广告支出对无形资产价值有显著的正向影响，广告支出与股票收益风险之间不存在显著关系。Boujelben and Fedhila（2011）考察无形资产投资和公司经营现金流之间的关系，其中无形资产投资包括研发投入、广告投入、培训支出、软件购买和质量提升，研究发现广告投入对公司经营现金流有显著影响，研发支出和质量提升对公司经营现金流的影响存在滞后现象。张超（2011）对2005—2007年中国12个汽车生产厂商相关数据实证分析，发现广告支出与销售量之间存在显著正向关系，而且广告支出具有“边际收益递减效应”。孙维峰等（2013）研究发现广告支出对企业绩效有显著正向影响，而且在大企业和控股企业里更为明显。

总之，目前学者们对广告的经济效益研究主要集中在两个方面：一是考察广告支出对商标资产的直接影响；二是考察广告支出对企业价值的直接影响。本书认为企业广告支出的主要目的在于提高商标知名度和影响力，增加商标价值，促进商品销售，提升企业价值，广告支出、商标资产、企业价值三者之间存在着价值传递的联动关系，因此，对商标资产进行科学的营销管理可以扩大品牌效应，发挥品牌优势，带动企业绩效的提升。基于上述分析本书提出如下假设：

假设H5－1：随着广告支出的增加，企业拥有的与驰名商标商品（服务）同类的注册商标数量越多，企业价值越高。

（二）研发支出的影响分析

理论研究表明，研发支出对企业发展和企业绩效有重要作用。一方面，研发支出增加了企业的知识储备，并形成企业的核心竞争力，最终转化为无形资产；另一方面，研发支出提高了企业的自主创新水平，强化了企业的市场竞争地位，带来了更多收益，收益的提高使企业有更多资源开展研发活动，巩固其竞争地位，增加企业绩效，从而进入下一个研发过程的良性循环。

研发支出有助于提高企业商标的核心竞争能力，增加商标价值，有益于企业的长远发展。Chauvin and Hirschey（1993）认为研发支出和广告支出是形成产品差异的一种方式，通过考察研发支出和广告支出对公司市场价值的影响，发现两类支出每增长 1 倍，公司销售收入增长 1.5 倍，研发支出和广告支出也是决定公司市场价值的关键因素。Peterson and Jeong（2010）认为研发支出和广告支出都属于企业的管理活动，两种资金的投入是为了创造价值（创新、生产、将新产品投入市场）和使用价值（将利润投入市场再次获利），公司要获得持续的竞争优势在于能够更好地创造价值和利用价值，研发活动与创造价值相联系，营销活动与利用价值相联系；品牌资产是介于企业管理活动和财务绩效的中介因素，研发支出和广告支出以品牌价值为中介影响着企业财务绩效。Sharma et al.（2016）以信号传递理论和动态营销能力理论为基础，研究研发支出、品牌资产和营销绩效之间的关系，结果表明，相比中小企业和零售企业，跨国公司通过不断的研发投入更大程度地提高了产品的技术含量和市场份额，增加了品牌优势，但是品牌优势过于强大也会抑制新产品的创新。

大量研究表明，企业的研发投资持续积极地影响着企业的市场价值（Bae and Noh，2001；Ho et al.，2005），企业研发支出在公司的未来发展中具有重要作用（Bae and Noh，2001），开展研发活动是提高企业创新能力的关键环节。Karjalainen（2008）考察不同的金融环境下研发投资和企业未来营利能力的关系，包括基于银行的金融环境和基于市场的金融环境，研究发现投资对企业未来盈利能力有积极的影响，且这种关系在基于银行的融资环境中更加明显。Ehie and Olibe（2010）对比研究了美国制造业和服务业的企业研发投资和企业市场价值之间的关系，发现两类企业的研发投资都正向影响着公司绩效，其中制造业企业的影响程度大于服务业企业。Nunes et al.（2011）将欧洲中小企业分为高科技类型和非高科技类型进行研究，结果表明低研发支出强度限制高科技中小企业的发展，高研发支出强度促进高科技中小企业发展，研发支出强度高低对非高科技企业没有作用，研发支出的资金限制对高科技中小企业有巨大影响。徐泓（2013）认为创业板上市公司创新研发投入可以体现公司的成长潜力，开发费用比率（研究开发费用/营业收入）越大，为客户提供新产品或新服务的可能性越大，为整个公司带来未来的收益就越可观。马小龙（2014）通过案例研究发现，研发支出可以使中小企业掌握新技术，获得一定领域内的超额利润或垄断利润，但是研发支出对企业成长性的影响存在一定的惯性和滞后性。

总之，企业研发投入的目的是提高企业核心竞争力，最终形成以品牌、商标为代表的无形资产，创造企业价值，目前学术界对于企业研发投入如何影响商标价值进而作用于企业绩效的过程鲜有研究，因此本书提出如下假设：

假设H5－2：随着研发支出的增加，企业拥有的与驰名商标商品（服务）同类的注册商标数量越多，企业价值越高。

二　商标权管理对企业价值的影响：不同所有权性质

不同所有权性质对企业的广告支出和研发支出影响截然不同。

对于广告支出，Sass and Saurman（1995）认为国有企业一般处在垄断行业或者竞争型行业的垄断地位，这种天然的优势地位使得其易于通过广告等非价格竞争手段形成并提升自身市场势力，国有大型企业能够以较低的代价获得更高的市场份额。一些学者也认为广告投入具有显著的规模经济特性，这表现在两方面：一方面，当企业的广告投入相对固定时，单位产品负担的广告成本会随着产品销售量的提高而减少；另一方面，随着企业广告投入的增加，广告投入带来的产品销售量增大也可能促进企业生产上的规模经济，降低生产成本（Chauvin and Hirschey，1993）。在我国，绝大部分国有企业生产规模较大，产品的市场占有率高，广告投入具有明显的规模经济特征。此外，近年来政府部门逐渐意识到通过开展商标战略可以将国有企业的核心技术转变为品牌优势，获得持续的市场竞争力，可以促进国有企业调整产业结构和优化资源配置，带动国有企业的经济增长质量和效益。因此，相比非国有企业，国有企业在商标品牌的发展上能够获得更多的政策支持、融资优惠和市场资源（Kim et al.，2015）。

对于研发支出，一般认为国有企业拥有高于非国有企业的资源优势和规模优势，国有控股公司能够得到更多的资源进行研发活动，能够充分享有研发成果带来的规模效应（肖兴志，2011）。但是，垄断性强、规模大也使得国有企业处于市场竞争的优势地位，缺乏研发活动的动力；加之国有企业代理问题更加突出，如产权不清、所有者缺位、管理层持股比例低、缺乏股权激励、管理效率差等原因，国有企业研发效率普遍不高（李明，2005；王婉婷，2016）。而非国有企业利用新技术改变市场竞争不利地位的动机更加强烈，对新技术的利用更为迅速、充分；非国有企业公司治理结构较为合理，有利于提高企业研发活动效率（周黎安和罗凯，2005；孙维峰和黄祖辉，2013；吴佐等，2014）。

总之，在广告支出方面，由于国有企业的市场竞争优势、广告支出的规模经济特性等，使得国有企业的广告宣传能够在市场上广泛传播，已有的商标品牌优势不断强化，产品销售进一步提高，国有企业的广告投资效率高于非国有企业。在研发支出方面，虽然国有企业享有较多的政策支持、融资优惠和市场资源，但是国有企业代理问题突出导致国有企业研发动力不足、研发投入效率不高，对企业绩效的提高没有起到显著促进作用；相比之下非国有企业市场竞争激烈，公司治理结构合理使得非国有企业研发动机强烈，研发效率普遍较高。基于上述分析本书提出如下假设。

假设 H5 - 3a：随着广告支出的增加，相对于非国有企业，国有企业拥有的与驰名商标商品（服务）同类的注册商标数量越多，企业价值提升更加显著。

假设 H5 - 3b：随着研发支出的增加，相对于国有企业，非国有企业拥有的与驰名商标商品（服务）同类的注册商标数量越多，企业价值提升更加显著。

三 商标权管理对企业价值的影响：不同企业技术特征

产业组织理论表明，广告支出和研发支出对企业建立和维持竞争优势至关重要，尤其在高科技行业中，两种支出对企业价值的影响更加明显。科学的广告支出能够提高品牌知名度，扩大品牌效应，成功的研发支出能够带来技术创新，推出新产品，提高生产效率；企业的科研技术实力体现在品牌竞争优势上，企业的品牌竞争优势又随着广告宣传进一步加强，广告支出和研发支出通过品牌价值共同促进企业绩效提高。

Moriarty and Kosnik（1989）认为高新技术企业产品研发投入巨大，更新换代快，因此一旦技术研发成功，产品推向市场，企业必须采取各种营销手段提高产品知名度，扩大产品销售，加快资金周转速度，赚取更多收益。Yadav et al.（2006）认为高新技术企业产品技术含量高，产品特征、产品结构、产品用途相对复杂，许多创新成果带给消费者前所未有的便捷和感受，因此宣传高科技产品特性，交流高科技产品用途，推广传播高科技产品体验对于产品销售意义重大。李欣（2009）认为高科技企业品牌的建立有以下四个方面的作用：一是建立市场竞争壁垒，提高行业进入门槛；二是有助于增加产品的市场价值；三是形成客户对品牌的忠诚度；四是提高投资者的信心，吸引合作伙伴。品牌建立需要研发投入和营销投入，而巨大的研发投入和复杂的科研技术更需要有效的广告宣传。周恬静（2013）认为高新技术企业的广告宣传不仅提高了企业品牌的市场知名度，而且带动了企业科研成果的影响力；由于高新技术产品具有知识密集型和技术密集型特点，相比普通企业，高新技术企业的广告投入更具有高投入、高收益的特点，并且在广告内容、宣传定位、传播媒介上有自身特色。

总之，相比普通企业，高科技企业有以下突出特征：一是研发投入巨大；二是产品技术特征复杂；三是产品更新换代快；四是市场竞争异常激烈。这些特征促使高科技企业一方面需要通过研发支出提高产品竞争实力，形成品牌价值，另一方面需要利用广告支出扩大企业的品牌优势，形成忠实的客户群，巩固、延长企业的市场竞争优势。广告支出、研发支出对于高科技企业商标品牌价值形成和企业价值提高作用更加明显。因此本书提出如下假设。

假设 H5 - 4a：随着广告支出的增加，相对于非技术型企业，技术型企业拥有的与驰名商标商品（服务）同类的注册商标数量越多，企业价值提升更加显著。

假设 H5 - 4b：随着研发支出的增加，相对于非技术型企业，技术型企业拥有的与驰名商标商品（服务）同类的注册商标数量越多，企业价值提升更加显著。

第二节　研究设计

一　数据来源与样本选择

本章以我国 2004—2015 年上市公司为样本，中国驰名商标资料来源于中华人民共和国国家工商行政管理总局商标局网站，上市公司拥有的与驰名商标商品（服务）同类的注册商标数据通过商标局的商标查询网站手工收集获得；其他财务数据来自 CSMAR 数据库和 Wind 数据库，其中广告支出数据来自财务报告附注“销售费用”明细栏目，研发支出来自 Wind 数据库的财务报表“研发支出”明细栏目，由于 2006 年财政部发布了《企业会计准则第 6 号——无形资产》，对原准则中企业研究与开发费用的会计处理做了较大调整，因此，研发支出数据主要从 2006 年开始。参照以往文献的做法，本章对样本进行了如下处理：（1）由于金融行业会计处理方法与其他行业不同，剔除金融行业数据；（2）由于 ST 公司可能会对结果带来一些偏误，剔除 ST 公司；（3）剔除变量有缺失的样本，并对相应的连续变量进行 1%—99% 的缩尾处理，最终本章的研究样本总数为 1506 个。

二　变量定义

（一）被解释变量

本书的被解释变量为企业价值，采用托宾 Q 值（Tobin's Q），企业的市场价值与资本重置成本之比。该指标基本计算公式为 Tobin's Q =（股权市值 + 净债务市值）/期末总资产，其中股权市值中，非流通股权市值用流通股股价代替计算；净债务市值 = 负债总额 - 应付职工薪酬 - 应付税费 - 应付股利 - 其他应付款 - 递延所得税负债。Tobin's Q 可以反映企业运用资源创造的价值和投入资产的成本之间的大小关系。如果 Tobin's Q 大于 1，表明企业能够有效利用资源创造价值，即企业价值高；反之，企业对资源的利用效率较差，即企业价值低。

（二）解释变量

1. 驰名商标强度（Well-know Trademark Intensity，WTI）

考虑到公司规模对商标数量有一定影响，借鉴 Greenhalgh，Rogers（2012）的研究使用商标强度作为衡量指标，本书将驰名商标的强度定义为每百万元人民币资产所含有的与驰名商标商品（服务）同类的注册商标数量。

2. 广告支出（Advertising Expenditure，Adv）

考虑到公司规模对广告支出的影响，借鉴文献方法，用广告支出除以销售额作为广告支出强度。

3. 研发支出（R&D Expenditure，Rd）

考虑到公司规模对研发支出的影响，借鉴文献方法，用研发支出除以资产总额作为研发支出强度；此外，考虑到企业从研发资金和人力资源等投入产生新技术、新产品之间可能存在一定的"滞后效应"（梁莱歆和张焕凤，2005；谢小芳等，2009；张俊瑞，2012），因此选择滞后期的研发支出分析其对商标资产及企业财务绩效的影响。

（三）控制变量

借鉴 Hall（1993）、Nicholas（2002）、Toivanen et al.（2002）、Mehrazeen et al.（2012）和吴超鹏（2016）等学者的研究，选择如下变量作为控制变量：（1）总资产利润率，一般情况下，企业营利能力越好，企业价值越大；（2）公司规模，用企业期末总资产的自然对数来衡量，如果企业规模越大，拥有的资源越多，则创造价值的能力越高；（3）债务权益比，本书选择负债总额与权益总额的比值作为资本结构的控制变量；（4）营业收入增长率，用企业当期营业收入增长值/上期营业收入来衡量，营业收入增长率越高，创造的企业价值越大；（5）固定资产比重，用固定资产/总资产进行计算；（6）无形资产比重，考虑到除去商标资产价值对公司绩效的影响作用外，专利、非专利技术等其他无形资产对结果也有一定的影响，用无形资产/总资产进行计算；（7）市场份额，用公司营业收入占行业营业收入的比重衡量，企业市场份额越高，广告支出和研发支出带来的效益越好，企业价值越大；（8）公司成立年限，用公司成立年限的自然对数衡量，公司成立年限越长，信誉度越好，商标权价值和公司价值越大；（9）第一大股东持股比例，用第一大股东持股占总股本的比例来衡量，控制公司治理水平对企业价值的影响；（10）所有权性质，如果企业是国有企业设定为1，非国有企业设定为0；（11）企业技术特征，根据中华人民共和国科学技术部2008年4月颁布的《高新技术企业认定管理办法》，将所有企业划分为高新技术企业与非高新技术企业，高新技术企业设定为1，非高新技术企业设定为0；（12）为了控制行业因素和年度因素影响，模型中加入行业虚拟变量（Ind）和年度虚拟变量（Year），行业虚拟变量按照证监会制定的行业分类标准进行划分，制造业按二级行业分类，其余行业按一级行业分类。

表5—1　　　　　　　　　主要变量定义表

被解释变量	托宾Q值	Tobin's Q	（股东权益市值+净债务市值）/第t年末资产总额
解释变量	驰名商标强度	WTI	每百万元人民币资产所含有的与驰名商标商品（服务）同类的注册商标数量
	广告支出	Adv	当期的广告支出/当期的营业收入
	研发支出	Rd	滞后期的研发支出/总资产

续表

控制变量	总资产利润率	ROA	当期净利润/期初和期末总资产的平均值
	公司规模	Size	期末总资产的自然对数
	债务权益率	LEV	期末负债/期末所有者权益
	营业收入增长率	Salerate	当期营业收入增加值/上期营业收入
	固定资产比重	Tang	期末固定资产占期末总资产的比值
	无形资产比重	Inta	期末无形资产净额/期末总资产
	市场份额	Mshare	公司营业收入/行业总营业收入
	公司成立年限	Firmage	公司成立年限的自然对数
	第一大股东持股比例	Fsrate	第一大股东持股占总股本的比例
	所有权性质	Ownership	国有企业设定为 Ownership = 1，非国有企业设定为 Ownership = 0
	企业技术特征	Htfirm	高新技术企业设定为 Htfirm = 1，非高新技术企业设定为 Htfirm = 0
	行业虚拟变量	Ind	控制行业因素的影响
	年度虚拟变量	Year	控制年度因素的影响

三 计量模型

（一）基本模型

为检验研究假设 H5 - 1，本书基于理论模型及前人研究的计量模型形式构建如下实证模型：

$$\begin{aligned} Tobin'sQ_{it} = {} & b_0 + b_1 WTI_{it} + b_2 WTI_{it} \times Adv_{it} + b_3 Adv_{it} + b_4 ROA_{it} \\ & + b_5 Size_{it} + b_6 LEV_{it} + b_7 Salerate_{it} + b_8 6Tang_{it} + b_9 Inta_{it} \\ & + b_{10} Mshare_{it} + b_{11} Firmage_{it} + b_{12} Fsrate_{it} + b_{13} Ownership_{it} \\ & + b_{14} Htfirm_{it} + Ind + Year + \varepsilon_{i,t} \end{aligned} \tag{5.1}$$

模型（5.1）中，$WTI_{it} \times Adv_{it}$相乘，若交乘项系数 b_2 显著大于零，则表明随着广告支出的增加，企业拥有的与驰名商标商品（服务）同类的注册商标数量越多，企业价值越高。

为检验研究假设 H5 - 2，本书基于理论模型及前人研究的计量模型形式构建如下实证模型：

$$\begin{aligned} Tobin's\ Q_{it} = & b_0 + b_1 WTI_{it} + b_2 WTI_{it} \times Rd_{it-n} + b_3 Rd_{it-n} \\ & + b_4 ROA_{it} + b_5 Size_{it} + b_6 LEV_i + b_7 Salerate_{it} \\ & + b_8 6Tang_{it} + b_9 Inta_{it} + b_{10} Mshare_{it} + b_{11} Firmage_{it} \\ & + b_{12} Fsrate_{it} + b_{13} Ownership_{it} + b_{14} Htfirm_{it} \\ & + Ind + Year + \varepsilon_{i,t} \end{aligned} \tag{5.2}$$

模型（5.2）中，$WTI_{it} \times Rd_{it-n}$ 相乘，若交乘项系数 b_2 显著大于零，则表明随着研发支出的增加，企业拥有的与驰名商标商品（服务）同类的注册商标数量越多，企业价值越高。

（二）模型分组

为检验研究假设 H5－3a、H5－3b、H5－4a、H5－4b，本章将采用两个变量分别对模型（4.1）和模型（4.2）分组进行检验。分组参照的变量：一是企业所有权性质变量；二是企业技术状况。

第三节　实证分析

一　描述性统计分析

由表5—2中描述性统计可以看出，驰名商标强度（WTI）均值0.841，最小值为0，最大值为47.811，跨度较大；获得驰名商标认定的上市公司广告支出（Adv）的平均值为1.2%，中位数为0.2%，最小值为0，最大值为13.6%，说明不同企业的广告支出跨度较大；获得驰名商标认定的上市公司研发支出（Rd）的平均值为1.4%，中位数为0.8%，最小值为0，最大值为8.9%，研发支出平均数略高于广告支出，两类支出在企业中总体差距不大。对于其他主要变量，样本企业的Tobin's Q均值为2.789，最小值为0.199，最大值为13.181，跨度较大；企业营利能力（ROA）均值为4.6%，整体偏低；企业规模（Size）的对数均值为21.996，财务杠杆（LEV）均值为1.109，较为合适，营业收入增长率（Salerate）均值为19.5%；固定资产比重（Tang）均值是20.0%，最小值0.2%，最大值75.1%，跨度幅度较大；无形资产比重（Inta）均值为5.2%，最小值0，最大值31.5%，差距十分巨大；市场占有率（Mshare）均值为0.6%，相对偏低，说明市场竞争激烈，没有垄断性强的企业。总之，基本数据没有太大偏差。

表5—2　　　　变量描述性统计

Variable	N	mean	sd	min	median	max
Tobin's Q	1506	2.789	2.431	0.199	2.045	13.181
WTI	1506	0.841	4.571	0	0	47.811
Adv	1506	0.012	0.023	0	0.002	0.136
Rd	1506	0.014	0.017	0	0.008	0.089
ROA	1506	0.046	0.055	-0.178	0.041	0.216
Size	1506	21.996	1.208	19.243	21.818	25.527
LEV	1506	1.109	1.367	0.049	0.711	10.720
Salerate	1506	0.195	0.412	-0.569	0.140	3.324
Tang	1506	0.200	0.127	0.002	0.176	0.751
Inta	1506	0.052	0.045	0	0.041	0.315
Mshare	1506	0.006	0.018	0	0.001	0.164
Firmage	1506	2.569	0.451	0.693	2.639	3.258
Fsrate	1506	0.334	0.145	0.091	0.311	0.752
Ownership	1506	0.428	0.495	0	0	1.000
Htfirm	1506	0.481	0.500	0	0	1.000

二　单变量分析

表5—3是对商标权管理中的商标营销管理进行了单变量分析，

由表所示，对度量商标营销管理的变量——广告支出（Adv）分别按照不同企业所有权性质和不同企业技术特征进行了分组。在不同企业所有权性质下，国有上市公司的广告支出的均值和中位数分别为0.007和0.001，非国有上市公司的广告支出的均值和中位数分别为0.015和0.004，T检验和秩和检验均在1%水平下显著。在不同企业技术特征下，高新技术上市公司的广告支出均值和中位数分别为0.009和0.002，非高新技术上市公司的广告支出和中位数分别为0.014和0.003，T检验和秩和检验均在1%水平下显著。综上所述，商标营销策略在不同企业所有权性质和不同企业技术特征下都有显著性差异，且非国有上市公司明显大于国有上市公司，非高新技术上市公司明显大于高新技术上市公司。

表5—3　　　　广告支出的单变量分析

variable	N	mean	sd	min	median	max	T检验	秩和检验
Adv：不同所有权性质								
国有	645	0.007	0.013	0	0.001	0.090	7.617***	9.937***
非国有	861	0.015	0.028	0	0.004	0.136		
Adv：不同企业技术特征								
高新技术	725	0.009	0.018	0	0.002	0.136	4.418***	4.141***
非高新技术	781	0.014	0.026	0	0.003	0.136		

注：*** 表示回归系数在1%水平下显著。

表5—4是对商标权管理中的商标研发管理进行了单变量分析，由表所示，对度量商标研发管理的变量——研发支出（Rd）分别按照不同企业所有权性质和不同企业技术特征进行了分组。在不同企业所有权性质下，国有上市公司研发支出的均值和中位数分别为0.013和0.007，非国有上市公司研发支出的均值和中位数分别为0.015和0.009，T检验和秩和检验均在1%水平下显著。在不同企

业技术特征下，高新技术上市公司研发支出的均值和中位数分别为0.013和0.009，非高新技术上市公司研发支出的均值和中位数分别为0.015和0.007，T检验在10%水平下显著，秩和检验在5%水平下显著。综上所述，商标研发管理在不同企业所有权性质下有显著性差异，且非国有上市公司明显大于国有上市公司；商标研发管理在不同企业技术特征下有显著性差异，具体差异需要进一步检验。

表5—4　　研发支出的单变量分析

variable	N	mean	sd	min	median	max	T检验	秩和检验
Rd：不同所有权性质								
国有	645	0.013	0.016	0	0.007	0.083	2.477***	3.711***
非国有	861	0.015	0.017	0	0.009	0.089		
Rd：不同企业技术特征								
高新技术	725	0.013	0.014	0	0.009	0.089	1.885*	-2.222**
非高新技术	781	0.015	0.018	0	0.007	0.089		

注：***、**、*分别表示回归系数在1%、5%、10%水平下显著。

表5—5给出了主要变量的相关系数，如表所示，Tobin's Q与驰名商标强度（WTI）的相关系数为0.027，且该系数在5%水平上显著；Tobin's Q与广告支出（Adv）、Tobin's Q与研发支出（Rd）的相关系数分别为0.156和0.173，且都在1%水平上显著；WTI与Adv的相关系数为0.126，在1%水平上显著；WTI与Rd的相关系数为0.023，但是不显著。初步说明企业广告支出和研发支出的增加对企业的市场价值有促进作用，而且随着驰名商标强度的增加广告投入进一步加大，企业市场价值进一步提高，初步证实了假设H5-1。另外对于其他控制变量，从控制变量之间的系数与显著性来看，变量之间不存在严重的多重共线性。

表 5—5　　主要变量的相关性系数分析

	Tobin's Q	WTI	Adv	Rd	ROA	Size	LEV	Salerate	Tang	Inta	Mshare	Firmage	Fsrate	Ownership	Htfirm
Tobin's Q	1														
WTI	0.027^{b}	1													
Adv	0.156^{a}	0.126^{a}	1												
Rd	0.173^{a}	0.023	0.019	1											
ROA	0.313^{a}	0.113^{a}	0.213^{a}	0.093^{a}	1										
Size	-0.429^{a}	0.003	-0.0318	-0.1634^{a}	-0.074	1									
LEV	-0.348^{a}	-0.055	-0.169^{a}	-0.172^{a}	-0.385^{a}	0.424^{a}	1								
Salerate	0.090^{a}	0.006	0.017	0.022^{a}	0.233^{a}	0.020	-0.004	1							
Tang	-0.194^{a}	0.001	-0.092^{a}	-0.142^{a}	-0.225^{a}	-0.005	0.092^{a}	-0.100^{a}	1						
Inta	0.106^{a}	-0.002	-0.018	0.081^{a}	-0.077	-0.016	-0.007	0.049^{a}	0.088^{a}	1					
Mshare	-0.083^{a}	-0.019	0.042	-0.142^{a}	0.032^{b}	0.308^{a}	0.209^{a}	0.004	-0.047^{a}	-0.084^{a}	1				
Firmage	-0.170^{a}	0.049^{b}	-0.055	-0.149^{a}	-0.090	0.206^{a}	0.210^{a}	-0.102^{a}	0.123^{a}	-0.053^{a}	0.023	1			
Fsrate	-0.061	-0.008	0.073^{a}	-0.092^{a}	0.064^{a}	0.221^{a}	0.071^{a}	0.038	0.017	-0.057^{b}	0.094^{a}	-0.205^{a}	1		
Ownership	-0.304^{a}	-0.039	-0.177^{a}	-0.063^{a}	-0.206^{a}	0.341^{a}	0.314^{a}	-0.107^{a}	0.177^{a}	-0.021	0.038	0.281^{a}	0.159^{a}	1	
Htfirm	0.024	0.083^{a}	-0.112^{a}	-0.048	-0.018	-0.164^{a}	-0.111^{a}	0.016	0.157^{a}	0.043	-0.127	-0.037	-0.020	-0.026	1

注：a 和 b 分别代表系数在 1% 与 5% 水平上显著。

三　多元回归分析

本节通过构建多元回归模型来检验本章的主要结论。首先利用主回归模型检验商标权具体管理措施对企业价值的影响，其次，检验在不同企业所有权性质和不同企业技术特征下，商标权具体管理措施对企业价值的影响是否存在差异。

（一）商标权管理对企业价值影响的实证研究

为了检验假设 H5－1 和 H5－2，本书对公式（5.1）和公式（5.2）进行回归，结果如表 5—6 所示。表 5—6 中（1）列为商标权的营销管理对企业价值的影响，即对公式（5.1）的检验，从中可以看出，驰名商标强度（WTI）的系数为 0.001，在 10% 水平下显著，广告支出（Adv）的系数为 0.351，不显著，WTI 和 Adv 的交乘项为 0.698，在 1% 的水平下显著，说明上市公司获得驰名商标认定后，广告投资可以增加商标资产的品牌效应，商标资产作为企业无形资产的重要组成部分进一步提升企业价值，假设 H5－1 得以证明。

表 5—6 中（2）—（4）列为商标权的研发管理对企业价值的影响，即对公式（5.2）的检验，由于企业从研发资金和人力资源等投入到产生新技术、新产品，进而提高商标的品牌优势之间可能存在一定的“滞后效应”（梁莱歆、张焕凤，2005；谢小芳和李彭东，2009；张俊瑞，2012），因此选择滞后期的研发支出分析其对商标资产及企业财务绩效的影响，鉴于此本书分别选取滞后 1 期、滞后 2 期、滞后 3 期的研发支出进行回归分析。从表 5—6 中可以看出，当研发支出滞后 1 期时，驰名商标强度（WTI）和研发支出（Rd）的系数分别为 0.023 和 8.711，WTI 与 Rd 的交乘项系数为 －0.494，且都不显著；当研发支出滞后 2 期时，驰名商标强度（WTI）和研发支出（Rd）的系数分别为 0.012 和 7.666，都显著，

WTI 与 Rd 的交乘项系数为 -0.420，不显著；当研发支出滞后 3 期时，WTI 与 Rd 的交乘项系数为 -0.051，仍不显著。三种情况下，WTI 与 Rd 的交乘项系数均不显著，与假设 H5-2 不符，假设 H5-2 未通过验证。从结果中可以看出，一方面驰名商标强度、研发支出与企业价值呈现正向关系，说明企业拥有的能够代表公司核心竞争力的商标数量越多的确可以增加企业价值，而且随着研发支出的投入，企业价值也相应提升，这与基本理论相符；但是另一方面，驰名商标强度与研发支出的交乘项系数未通过显著性检验，研发支出的投入并不能提高驰名商标资产的价值，带动企业价值，这一假设关系没有通过统计证明，下面深入进行相关影响因素研究。

表 5—6　　商标权管理对企业价值影响的实证结果

变量	广告支出	研发支出		
	(1)	(2)	(3)	(4)
	当期	滞后 1 期 (L1. Rd)	滞后 2 期 (L2. Rd)	滞后 3 期 (L3. Rd)
WTI	0.001* (1.82)	0.023 (1.58)	0.012* (1.93)	0.012 (1.07)
Adv	0.351 (0.07)			
Rd		8.711 (0.92)	7.666** (2.19)	1.017* (1.79)
Adv × WTI	0.698*** (3.75)			
Rd × WTI		-0.494 (-0.86)	-0.420 (-0.97)	-0.051 (-0.07)
ROA	5.083** (2.08)	5.304* (1.95)	5.803* (1.87)	1.303 (0.38)
Size	-0.982*** (-3.29)	-0.978*** (-3.11)	-0.950*** (-2.80)	-1.095** (-2.51)

续表

变量	广告支出	研发支出		
	(1)	(2)	(3)	(4)
	当期	滞后1期 (L1. Rd)	滞后2期 (L2. Rd)	滞后3期 (L3. Rd)
LEV	0.017 (0.40)	0.03 (0.79)	0.007 (0.13)	-0.011 (-0.23)
Salerate	0.031 (0.30)	0.123 (0.95)	0.022 (0.12)	0.098 (0.4)
Tang	-0.782 (-0.82)	-0.249 (-0.23)	-0.819 (-0.57)	-2.35 (-1.46)
Inta	6.998** (2.00)	6.711* (1.78)	5.964 (1.28)	3.568 (0.64)
Mshare	-3.648 (-0.53)	-9.29 (-1.16)	-14.491 (-1.31)	-11.886 (-0.89)
Firmage	1.100 (1.04)	1.683 (1.62)	2.742** (2.02)	3.976* (1.85)
Fsrate	-0.001 (-0.04)	-0.01 (-0.46)	-0.002 (-0.08)	-0.009 (-0.35)
Ownership	-0.629 (-1.31)	-0.106 (-0.76)	-0.090 (-0.58)	-0.055 (-0.31)
Htfirm	0.132 (0.96)	-0.154 (-1.13)	-0.186 (-1.26)	-0.187 (-1.09)
Constant	0.989 (0.38)	-2.412 (-0.81)	-1.863 (-0.53)	-1.707 (-0.31)
Ind	Control	Control	Control	Control
Year	Control	Control	Control	Control
调整 R^2	0.366	0.397	0.357	0.323
观测值	1358	1358	1120	860

注：***、**、*分别表示回归系数在1%、5%、10%水平下显著，标准误差经过公司层面cluster调整。

（二）不同所有权性质下商标权管理对企业价值影响的实证研究

为了进一步检验假设 H5－1 和 H5－2，本书对相应的子样本进行分析，具体按照企业所有权性质将上市公司分为国有企业与非国有企业，当企业是国有企业时，设定为 Ownership＝1，其他情况设定为 Ownership＝0。表 5—7 中的（1）—（2）列为不同企业所有权性质下商标权营销管理的回归结果，对于国有企业中驰名商标强度（WTI）与广告支出（Adv）系数分别为－0.024 和 8.363，且都不显著，但是 WTI 和 Adv 交乘项系数为 1.855，在 1% 水平下显著；在非国有企业中，WTI、Adv 以及两者的交乘项 WTI × Adv 的回归结果均不显著，这表明商标权营销管理在国有企业中效果十分明显，能够提升国有企业价值，但是这种提升作用在非国有企业中不存在，证明了假设 H5－3a。

表 5—8 中（1）—（6）列为不同企业所有权性质下商标权研发管理的回归结果，从中可以看出，当研发支出滞后 1 期时，在国有企业与非国有企业中，驰名商标强度（WTI）和研发支出（Rd）的交乘项均不显著。当研发支出滞后 2 期时，在国有企业中，驰名商标强度（WTI）和研发支出（Rd）的回归结果均不显著，两者的交乘项 WTI × Rd 的回归系数为－0.665，负相关且在 10% 水平下显著；在非国有企业，WTI 的系数为 0.012，不显著，Rd 系数为 20.364，在 10% 水平下显著，两者的交乘项 WTI × Rd 的回归系数为 5.919，在 1% 水平下显著。当研发支出滞后 3 期时，在国有企业中，驰名商标强度（WTI）和研发支出（Rd）的回归结果均不显著，两者的交乘项 WTI × Rd 的回归系数为－0.987，且不显著；在非国有企业中，WTI 的系数为 0.024，不显著，Rd 系数为 18.555，在 10% 水平下显著，两者的交乘项 WTI × Rd 的回归系数为 10.088，在 5% 水平下显著。整体说明商标权研发支出存在“滞后效应”，国有企业商标权的研发管理对企业价值不存在明显正向

影响，在非国有企业中，第一，滞后 2 期和 3 期的研发支出对企业价值存在正向影响，第二，滞后 2 期和 3 期的研发支出随着企业拥有的与驰名商标商品（服务）同类的注册商标数量增加能够正向影响企业价值，即商标权研发管理正向影响企业价值，假设 H5 - 3b 通过检验。

表 5—7　不同所有权性质下商标权管理对企业价值影响的实证结果（1）

变量	广告支出	
	(1)	(2)
	Ownership = 1	Ownership = 0
WTI	-0.024 (-1.28)	0.004 (0.41)
Adv	8.363 (1.2)	-3.143 (-0.77)
Adv × WTI	1.855*** (3.06)	0.101 (0.43)
ROA	4.444*** (3.91)	3.808 (1.49)
Size	-1.086*** (-5.09)	-1.265*** (-4.20)
LEV	0.069** (2.41)	0.549*** (3.99)
Salerate	0.085 (1.43)	-0.061 (-0.44)
Tang	0.228 (0.27)	0.147 (0.16)
Inta	3.89 (1.58)	2.952 (1.53)
Mshare	-0.847 (-0.16)	7.15 (0.6)
Firmage	1.617* (1.86)	0.659 (0.92)

续表

变量	广告支出	
	(1)	(2)
	Ownership = 1	Ownership = 0
Fsrate	-0.007 (-0.63)	-0.006 (-0.29)
Htfirm	5.959** (2.39)	11.389** (2.23)
Constant	1.677 (0.75)	1.606 (0.94)
Ind	Control	Control
Year	Control	Control
调整 R^2	0.399	0.490
观测值	589	769

注：***、**、* 分别表示回归系数在 1%、5%、10% 水平下显著，标准误差经过公司层面 cluster 调整。

表 5—8　不同所有权性质下商标权管理对企业价值影响的实证结果（2）

变量	研发支出					
	(1)	(2)	(3)	(4)	(5)	(6)
	滞后 1 期（L1. Rd）		滞后 2 期（L2. Rd）		滞后 3 期（L3. Rd）	
	Ownership = 1	Ownership = 0	Ownership = 1	Ownership = 0	Ownership = 1	Ownership = 0
WTI	0.025 (0.92)	0.021 (1.33)	0.003 (0.5)	0.012 (0.62)	0.018 (1.25)	0.024 (0.79)
Rd	2.48 (0.39)	8.734 (0.67)	11.647 (1.32)	20.364* (1.67)	-7.336 (-0.76)	18.555* (1.79)
Rd × WTI	-0.82 (-1.03)	0.495 (0.54)	-0.665* (-1.92)	5.919*** (3.08)	-0.987 (-1.62)	10.088** (2.08)
ROA	2.626* (1.94)	6.795 (1.55)	3.191** (2.00)	7.169 (1.47)	-1.916 (-0.55)	3.503 (0.66)

续表

变量	研发支出					
	(1)	(2)	(3)	(4)	(5)	(6)
	滞后 1 期 (L1. Rd)		滞后 2 期 (L2. Rd)		滞后 3 期 (L3. Rd)	
	Ownership = 1	Ownership = 0	Ownership = 1	Ownership = 0	Ownership = 1	Ownership = 0
Size	-1.131***	-1.205**	-1.095***	-1.034	-1.401***	-1.397
	(-3.93)	(-2.19)	(-3.97)	(-1.59)	(-3.73)	(-1.57)
LEV	-0.053**	0.273	-0.046	0.171	-0.104***	0.384
	(-2.09)	(0.91)	(-1.45)	(0.53)	(-2.73)	(1.01)
Salerate	0.292	0.041	0.492**	-0.198	0.654**	-0.137
	(1.54)	(0.23)	(2.1)	(-0.72)	(2.09)	(-0.41)
Tang	-0.757	-1.114	-1.129	-1.467	-3.788**	-2.357
	(-0.67)	(-0.65)	(-0.94)	(-0.57)	(-2.49)	(-0.73)
Inta	6.347**	7.063	5.989**	7.138	4.067	4.942
	(2.58)	(1.47)	(2.49)	(1.09)	(1.26)	(0.55)
Mshare	-6.259	-29.313	-5.237	-63.875**	-0.237	-49.706
	(-1.08)	(-1.35)	(-1.06)	(-2.48)	(-0.07)	(-1.36)
Firmage	1.058	0.966	1.449	1.578	1.135	1.849
	(0.99)	(0.73)	(0.70)	(0.81)	(0.29)	(0.59)
Fsrate	0.004	0.012	0.008	0.013	0.013	0.003
	(0.21)	(0.29)	(0.42)	(0.28)	(0.65)	(0.05)
Htfirm	0.085	0.202	0.029	0.188	0.061	0.309*
	(0.56)	(0.98)	(0.17)	(0.85)	(0.32)	(1.7)
Constant	3.954	4.264	2.623	2.974	3.897	3.81
	(1.41)	(1.12)	(0.49)	(0.57)	(0.4)	(0.52)
Ind	Control	Control	Control	Control	Control	Control
Year	Control	Control	Control	Control	Control	Control
调整 R^2	0.384	0.428	0.364	0.416	0.4	0.372
观测值	589	769	494	626	393	467

注：***、**、* 分别表示回归系数在 1%、5%、10% 水平下显著，标准误差经过公司层面 cluster 调整。

（三）不同技术特征下商标权管理对企业价值影响的实证研究

表5—9是按照不同企业技术特征进一步检验假设H5－1和H5－2，当企业为高新技术企业时，设定为Htfirm＝1，当企业为非高新技术企业时，设定为Htfirm＝0。在高科技企业中，驰名商标强度（WTI）与广告支出（Adv）回归结果不显著，WTI和Adv交乘项的系数为0.584，在5%的水平下显著；对于非高科技企业，WTI、Adv以及两者的交乘项WTI×Adv的回归结果均不显著，这表明商标权营销管理在高科技企业中效果明显，能够提升企业价值，但是这种提升作用在非高科技企业中不存在，证明了假设H5－4a。

表5—10中（3）—（4）列为不同企业技术特征下商标权研发管理的回归结果，从中可以看出，当研发支出滞后1期时，在高科技企业中，WTI回归系数0.044，在10%水平下显著，Rd回归系数为26.715，在5%水平下显著，两者的交乘项WTI×Rd的系数是1.543，在10%水平下显著。当研发支出滞后2期时，在高科技企业中，WTI回归系数0.055，在5%水平下显著，Rd回归系数为34.155，在1%水平下显著，但是两者的交乘项WTI×Rd的回归结果不显著。当研发支出滞后3期时，在高科技企业中，WTI回归系数0.135，在10%水平下显著，Rd回归系数为－1.391，不显著，同样WTI与Rd的交乘项结果并不显著。研发支出滞后1期、2期和3期时，非高科技企业的驰名商标强度（WTI）、研发支出（Rd）和两者的交乘项均不显著。说明在高科技企业中，第一，滞后1期和滞后2期的研发支出对企业价值存在正向影响，第二，滞后1期的研发支出随着企业拥有的与驰名商标商品（服务）同类的注册商标数量增加能够正向影响企业价值，商标权研发管理对高科技企业价值存在正向影响，非高科技企业不存在上述关系，假设H5－4b通过检验。

表 5—9　不同技术特征下商标权管理对企业价值影响的实证结果（1）

变量	广告支出	
	(1)	(2)
	Htfirm = 1	Htfirm = 0
WTI	0.003 (0.04)	0.013 (1.01)
Adv	2.618 (0.33)	0.143 (0.02)
Adv × WTI	0.584** (2.27)	0.452 (1.61)
ROA	3.1 (0.92)	6.443* (1.79)
Size	-1.167*** (-2.80)	-0.784* (-1.83)
LEV	-0.017 (-0.20)	0.05 (0.82)
Salerate	0.026 (0.19)	0.038 (0.27)
Tang	-1.677 (-1.21)	0.576 (0.49)
Inta	4.228 (0.83)	12.197*** (3.00)
Mshare	-10.987 (-0.78)	0.318 (0.04)
Firmage	1.143 (0.53)	1.224 (1.21)
Fsrate	-0.003 (-0.08)	-0.003 (-0.14)
Ownership	0.588 (0.82)	0.647 (1.13)

续表

变量	广告支出	
	(1)	(2)
	Htfirm = 1	Htfirm = 0
Constant	5.218 (0.91)	2.944 (0.78)
Ind	Control	Control
Year	Control	Control
调整 R^2	0.364	0.392
观测值	661	697

注：***、**、*分别表示回归系数在1%、5%、10%水平下显著，标准误差经过公司层面cluster调整。

表5—10　不同技术特征下商标权管理对企业价值影响的实证结果（2）

变量	研发支出					
	(1)	(2)	(3)	(4)	(5)	(6)
	滞后1期（L1. Rd）		滞后2期（L2. Rd）		滞后3期（L3. Rd）	
	Htfirm = 1	Htfirm = 0	Htfirm = 1	Htfirm = 0	Htfirm = 1	Htfirm = 0
WTI	0.044* (1.95)	0.014 (0.91)	0.055** (2.1)	0.002 (0.27)	0.135** (2.23)	0.006 (0.56)
Rd	26.715** (2.13)	-11.593 (-0.96)	34.155*** (2.64)	2.119 (0.19)	-1.391 (-0.09)	0.68 (0.06)
Rd × WTI	1.543* (1.73)	0.21 (0.34)	0.428 (0.11)	0.038 (0.08)	1.716 (0.47)	0.129 (0.18)
ROA	2.83 (0.72)	6.607* (1.86)	0.691 (0.14)	9.673** (2.51)	-2.976 (-0.61)	5.232 (1.07)
Size	-1.213*** (-2.62)	-0.853** (-2.06)	-1.209** (-2.06)	-0.902** (-2.11)	-1.183* (-1.84)	-0.917 (-1.31)
LEV	-0.091 (-0.83)	0.038 (0.52)	-0.089 (-0.71)	0.072 (1.06)	-0.113 (-0.96)	0.081 -1.07
Salerate	0.134 (0.74)	0.214 (1.09)	0.176 (0.78)	-0.205 (-0.61)	0.263 (0.97)	-0.152 (-0.37)

续表

变量	研发支出					
	(1)	(2)	(3)	(4)	(5)	(6)
	滞后 1 期（L1. Rd）		滞后 2 期（L2. Rd）		滞后 3 期（L3. Rd）	
	Htfirm = 1	Htfirm = 0	Htfirm = 1	Htfirm = 0	Htfirm = 1	Htfirm = 0
Tang	-1. 168 (-0. 71)	0. 975 (0. 69)	-1. 71 (-0. 82)	-0. 198 (-0. 10)	-2. 828 (-1. 34)	-1. 12 (-0. 41)
Inta	5. 022 (0. 89)	8. 787 * (1. 85)	2. 83 (0. 38)	8. 933 (1. 51)	0. 249 (0. 03)	9. 287 (0. 89)
Mshare	-22 (-1. 36)	-7. 245 (-0. 77)	-35. 964 * (-1. 82)	-6. 96 (-0. 59)	-35. 559 * (-1. 76)	-0. 445 (-0. 03)
Firmage	3. 125 (1. 36)	0. 979 (0. 84)	4. 316 (1. 43)	2. 053 * (1. 67)	8. 255 ** (2. 39)	1. 591 (0. 58)
Fsrate	-0. 014 (-0. 37)	-0. 002 (-0. 08)	0. 003 (0. 46)	0. 007 (0. 32)	0. 013 (0. 34)	-0. 016 (-0. 47)
Ownership	-0. 628 (-0. 86)	-0. 610 (-1. 33)	-0. 718 (-0. 78)	-0. 412 (-0. 98)	-1. 385 (-1. 26)	-0. 251 (-0. 61)
Constant	0. 793 (0. 14)	2. 578 (0. 7)	-2. 175 (-0. 27)	0. 407 (0. 11)	-13. 835 (-1. 49)	3. 291 (0. 43)
Ind	Control	Control	Control	Control	Control	Control
Year	Control	Control	Control	Control	Control	Control
调整 R^2	0. 358	0. 4	0. 328	0. 411	0. 347	0. 308
观测值	661	697	552	568	432	428

注：***、**、* 分别表示回归系数在 1%、5%、10% 水平下显著，标准误差经过公司层面 cluster 调整。

四 稳健性检验

（一）公司价值变量的其他度量

本节将使用公司价值变量的其他度量方式，以此进一步检验回归结论的正确性。具体地，用 MBOOK 来衡量企业价值，MBOOK（市值账面比）为股权的市场价值除以账面价值，对本章假设进行检验。结果如表 5—11 所示，当被解释变量公司价值用 MBOOK 替

表 5—11 企业价值度量的稳健性检验

变量	广告支出（MBOOK）					研发支出（MBOOK）				
	(1)	(2)	(3)	(4)	(5)	(6)	(7)	(8)	(9)	(10)
	All	Ownership = 1	Ownership = 0	Htfirm = 1	Htfirm = 0	All	Ownership = 1	Ownership = 0	Htfirm = 1	Htfirm = 0
WTI	0.001 (0.30)	-0.017 (-0.80)	0.004 (0.27)	0.004 (0.28)	0.027 (0.93)	0.011 (0.61)	0.029 (0.78)	0.003 (0.15)	0.018 (0.39)	0.005 (0.28)
Adv	2.047 (0.34)	0.941 (0.08)	4.234 (0.71)	10.122 (1.21)	5.13 (0.49)					
Adv × WTI	0.541*** (2.98)	2.193** (2.56)	0.195 (0.37)	0.493** (2.66)	0.74 (0.81)					
L1. Rd						11.342* (1.8)	-4.265 (-0.23)	12.933 (0.75)	35.343** (2.08)	-7.933 (-0.46)
L1. Rd × WTI						-0.061 (-0.08)	-0.977 (-0.96)	0.783 (0.59)	0.879* (1.75)	-1.97 (-1.31)
ROA	5.573 (1.51)	2.568 (0.51)	10.770** (2.02)	5.632 (1.39)	6.309 (0.94)	5.438 (1.55)	2.221 (0.46)	10.502** (2.09)	5.595 -1.39	6.164 (1.07)

续表

变量	广告支出（MBOOK）					研发支出（MBOOK）				
	(1)	(2)	(3)	(4)	(5)	(6)	(7)	(8)	(9)	(10)
	All	Ownership = 1	Ownership = 0	Htfirm = 1	Htfirm = 0	All	Ownership = 1	Ownership = 0	Htfirm = 1	Htfirm = 0
Size	-1.909***	-2.679***	-1.934***	-1.898***	-1.874**	-1.916***	-2.704***	-1.966***	-1.971***	-1.988***
	(-3.50)	(-3.95)	(-3.08)	(-2.80)	(-2.35)	(-3.58)	(-4.04)	(-3.21)	(-2.89)	(-2.73)
LEV	1.564***	1.400***	2.194***	1.978***	1.269***	1.559***	1.395***	2.184***	1.970***	1.230***
	(5.34)	(5.66)	(3.94)	(5.5)	(4.1)	(5.27)	(5.75)	(3.95)	(5.46)	(3.87)
Salerate	0.358	1.051***	-0.174	0.154	0.309	0.375	1.053***	-0.147	0.158	0.43
	(1.34)	(2.6)	(-0.51)	(0.52)	(0.77)	(1.47)	(2.61)	(-0.47)	(0.53)	(1.1)
Tang	0.962	0.42	-1.19	0.064	3.306	0.974	0.234	-1.22	-0.104	3.393
	(0.58)	(0.18)	(-0.59)	(0.03)	(1.49)	(0.59)	(0.1)	(-0.60)	(-0.04)	(1.57)
Inta	6.32	29.586**	-1.742	5.796	2.727	5.888	29.890**	-2.292	6.01	0.339
	(1.03)	(2.17)	(-0.36)	(0.77)	(0.6)	(0.94)	(2.18)	(-0.46)	(0.79)	(0.07)
Mshare	3.324	-24.015	34.58	3.143	8.634	2.804	-24.035	34.857	3.245	5.083
	(0.16)	(-1.28)	(1.17)	(0.11)	(0.29)	(0.14)	(-1.28)	(1.2)	(0.12)	(0.18)

续表

变量	广告支出（MBOOK）					研发支出（MBOOK）				
	（1）	（2）	（3）	（4）	（5）	（6）	（7）	（8）	（9）	（10）
	All	Ownership = 1	Ownership = 0	Htfirm = 1	Htfirm = 0	All	Ownership = 1	Ownership = 0	Htfirm = 1	Htfirm = 0
Firmage	1.833 （1.01）	−0.939 （−0.64）	2.154 （0.98）	1.733 （0.67）	1.928 （0.790）	1.725 （0.99）	−0.892 （−0.60）	1.927 （0.91）	1.915 （0.73）	1.675 （0.72）
Fsrate	−0.016 （−0.51）	−0.01 （−0.22）	0.002 （0.05）	0.011 （0.21）	−0.032 （−1.03）	−0.015 （−0.48）	−0.01 （−0.23）	0.004 （0.09）	0.011 （0.2）	−0.028 （−0.97）
Constant	0.416*** （2.71）	0.634*** （3.77）	0.400** （2.48）	0.403** （2.38）	0.402* （1.84）	0.419*** （2.78）	0.642*** （3.83）	0.410*** （2.62）	4.158** （2.45）	4.277** （2.14）
Ind	Control	Control	Control	Control	Control	Control	Control	Control	Control	Control
Year	Control	Control	Control	Control	Control	Control	Control	Control	Control	Control
调整 R^2	0.458	0.541	0.461	0.494	0.432	0.459	0.539	0.463	0.494	0.442
观测值	1，358	589	769	661	697	1，358	589	769	661	697

注：***、**、*分别表示回归系数在1%、5%、10%水平下显著，标准误差经过公司层面 cluster 调整。

代时，表（1）—（5）列为商标权营销管理，表中（1）列数据显示，广告支出（Adv）和驰名商标强度（WTI）的交乘项系数为0.541，在1%水平下显著，说明上市公司商标权营销管理能够提升企业价值，进一步证明了假设H5-1；表（6）—（10）列为商标权研发管理，表中（6）列数据显示，研发支出（Rd）和驰名商标强度（WTI）交乘项系数为-0.061，不显著，假设H5-2仍未通过检验。其他结果如表4—9中（2）—（5）列和（7）—（10）列所示，主要结论不变。

（二）内生性问题

对于商标权广告支出对企业价值的影响，可能存在一定的内生性问题，比如一方面商标权广告支出能够影响企业价值，但反过来企业价值也会影响商标权的广告支出。基于此，本书将采取两种方法进行内生性处理：第一种方法为采用广告支出的滞后项带入原来方程进行相应的回归；第二种方法则是采用二阶段最小二乘法进行回归分析。

表5—12是采用广告支出变量（Adv）滞后1期的回归结果，如表5—12中第（1）列所示，商标权广告支出对企业价值有显著正向影响，第（2）—（3）为不同企业所有权性质下的商标权广告支出效应，第（4）—（5）列为不同企业技术特征下的商标权广告支出效应，如表所示，在国有企业和技术型企业中，广告支出对驰名商标强度和企业价值存在显著影响，但是在非国有企业和非技术型企业中，上述关系并不明显，符合本章的理论假设，结论不变。

利用二阶段最小二乘法（2SLS）进行回归时，选取广告支出行业中位数（Advmedian）、广告支出大小虚拟变量（Advdum）作为工具变量，各工具变量定义方法如表5—13所示，具体回归结果如表5—14所示。可以看出，表5—14中第（1）列为检验假设

表 5—12　商标权广告支出对企业价值影响的内生性处理结果（1）

变量	广告支出滞后 1 期				
	(1)	(2)	(3)	(4)	(5)
	All	Ownership = 1	Ownership = 0	Htfirm = 1	Htfirm = 0
WTI	0.015 (1.26)	-0.003 (-0.04)	0.016 (0.98)	0.004 (0.3)	0.059 (1.35)
L1. Adv	1.85 (0.15)	10.303 (1.37)	10.454 (0.58)	19.232 (0.93)	-10.121 (-0.93)
L1. Adv × WTI	0.572** (2.44)	0.511*** (3.57)	-0.528 (-1.27)	1.031** (2.00)	0.085 (0.22)
ROA	5.010* (1.79)	4.254** (2.55)	5.162 (1.16)	0.176 (0.04)	8.518** (2.26)
Size	-0.665** (-1.98)	-1.050*** (-4.25)	-0.835 (-1.42)	-0.743 (-1.54)	-0.539 (-1.12)
LEV	-0.022 (-0.48)	-0.033 (-1.28)	0.073 (0.31)	-0.153 (-1.56)	0.063 (0.94)
Salerate	0.01 (0.05)	0.540** (2.32)	-0.258 (-1.03)	0.243 (1.1)	-0.157 (-0.55)
Tang	-0.977 (-0.76)	-0.873 (-0.79)	-2.593 (-1.25)	-1.071 (-0.61)	-1.208 (-0.64)
Inta	5.903 (1.35)	4.147 (1.33)	5.559 (0.93)	2.854 (0.41)	9.263* (1.7)
Mshare	4.416 (0.39)	3.742 (0.38)	-3.509 (-0.15)	-7.988 (-0.40)	11.088 (0.78)
Firmage	2.651* (1.92)	0.46 (0.28)	2.718 (1.37)	5.319* (1.66)	1.729 (1.35)
Fsrate	-0.040* (-1.67)	-0.016 (-0.80)	-0.036 (-0.77)	-0.036 (-0.97)	-0.035 (-1.32)
Constant	-1.23 (-0.34)	4.818 (1.12)	-0.552 (-0.11)	-7.245 (-0.86)	1.98 (0.5)
Ind	Control	Control	Control	Control	Control
Year	Control	Control	Control	Control	Control
调整 R^2	0.379	0.409	0.432	0.402	0.378
观测值	1221	513	708	595	626

注：***、**、*分别表示回归系数在 1%、5%、10% 水平下显著，标准误差经过公司层面 cluster 调整。

H5－1，WTI×Adv 系数在5%水平上显著为正，这个结论支持了假设 H5－1，说明商标权的广告支出可以提高企业价值。第（2）—（3）列为检验假设 H5－3a，第（4）—（5）列为检验假设 H5－4a，从检验结果来看，国有企业与技术型企业的广告支出均可以增加商标权价值，带动企业价值的提升，证明了假设 H5－3a 和H5－4a。另外，在两阶段模型中，Kleibergen-Paap rk LM statistic（识别不足）的 P 值均为 0.00，拒绝了工具变量不可识别的原假设，各假设均通过了弱工具变量检验（临界值为10%水平下 13.43）和 Hasen J 检验，证明了工具变量的有效性。总而言之，采用 2SLS 回归方法得出的结论不变，证明了本书结论的稳健性。

表 5—13　　工具变量定义表

变量	计算方法
Advmedian	广告支出的行业中位数，其中行业分类按照制造业行业取前两位，其他行业取第一位进行分类
Advdum	当广告支出 Adv 大于均值时，取 1；当广告支出 Adv 小于等于均值时，取 0

表 5—14　　商标权广告支出对企业价值影响的内生性处理结果（2）

变量	二阶段				
	(1)	(2)	(3)	(4)	(5)
	All	Ownership = 1	Ownership = 0	Htfirm = 1	Htfirm = 0
WTI	0.004	0.001	0.006	0.001	0.003
	(1.19)	(0.32)	(1.19)	(－0.01)	(0.92)
Adv	4.359	5.04	2.927	16.770**	－8.93
	(1.17)	(0.92)	(0.61)	(2.5)	(－0.80)
Adv × WTI	0.023**	0.118***	－0.218	0.067**	－0.035
	(2.22)	(3.38)	(－1.09)	(2.44)	(－0.12)
ROA	3.432***	4.468***	2.981***	4.665***	6.045***
	(5.66)	(4.99)	(3.71)	(3.48)	(5.58)

续表

变量	二阶段				
	(1)	(2)	(3)	(4)	(5)
	All	Ownership = 1	Ownership = 0	Htfirm = 1	Htfirm = 0
Size	-1.112*** (-14.42)	-1.119*** (-10.17)	-1.219*** (-12.38)	-1.169*** (-5.84)	-1.149*** (-8.41)
LEV	0.131*** (5.81)	0.086*** (3.94)	0.182*** (4.3)	-0.071 (-1.45)	0.008 (0.22)
Salerate	0.050* (1.78)	0.014 (0.42)	0.080** (2.05)	0.115 (1.3)	0.160*** (2.87)
Tang	0.493* (1.94)	-0.075 (-0.19)	0.759** (2.29)	-1.374*** (-2.68)	-0.565 (-1.18)
Inta	0.854 (1.1)	-0.142 (-0.12)	1.946* (1.93)	3.606* (1.79)	7.665*** (4.41)
Mshare	5.601* (1.77)	-0.407 (-0.12)	7.661 (1.34)	2.595 (0.35)	10.010*** (2.62)
Firmage	1.538*** (6.77)	0.986** (2.17)	1.021*** (3.95)	0.918 (1.46)	0.515 (1.36)
Fsrate	-0.021*** (-5.04)	-0.005 (-0.76)	-0.022*** (-4.19)	-0.004 (-0.41)	-0.014* (-1.92)
Constant	0.863 (0.56)	1.422 (0.95)	1.746 (1.24)	4.968 (0.87)	3.108 (0.98)
Ind	Control	Control	Control	Control	Control
Year	Control	Control	Control	Control	Control
调整 R2	0.241	0.171	0.323	0.244	0.179
观测值	1006	443	561	496	510
识别不足检验	0.000	0.000	0.000	0.000	0.000
弱工具变量检验	291.544	124.242	159.934	99.511	178.892
Hasen J 检验	0.2705	0.8213	0.3321	0.1832	0.4874

注：***、**、* 分别表示回归系数在 1%、5%、10% 水平下显著，标准误差经过公司层面 cluster 调整。

第四节 本章小结

本章主要考察商标权管理对企业价值的影响，以我国2004—2015年A股上市公司作为研究对象，具体研究商标营销管理和研发管理对企业价值的影响。本章的实证研究表明，随着广告支出的增加，企业拥有的与驰名商标商品（服务）同类的注册商标数量越多，企业价值越高。随着广告支出的增加，相对于非国有企业，国有企业拥有的与驰名商标商品（服务）同类的注册商标数量越多，企业价值提升更加显著。随着广告支出的增加，相对于非技术型企业，技术型企业拥有的与驰名商标商品（服务）同类的注册商标数量越多，企业价值提升更加显著。随着研发支出的增加，相对于国有企业，非国有企业拥有的与驰名商标商品（服务）同类的注册商标数量越多，企业价值提升更加显著。随着研发支出的增加，相对于非技术型企业，技术型企业拥有的与驰名商标商品（服务）同类的注册商标数量越多，企业价值提升更加显著。

本章的研究结论具有以下方面的启示。

第一，本章发现商标权营销管理对企业价值有显著的促进作用。扩大驰名商标的品牌效应，增加驰名商标资产价值，日前最常见、做有效的营销方式当属广告投资，广告投资具有强化产品品质认知度、传播品牌知名度、维持品牌持久度等作用，广告投资是促进商标信誉和商品信誉相统一的最好最快的方式，也是企业提高商标知名度、占有市场的最简捷的途径。企业在商标发展策略中不仅需要创建、培育、保护驰名商标，而且应该发挥广告投资的带动作用，并结合优质的产品和服务，提升企业商标资产价值。

第二，广告投资应结合企业经营规模、经营特点、经济效益、市场定位等因素，将有限的资源投入科学的广告宣传活动中，制订行之有效的商标价值提升计划。同时，在商标推广过程中需注意两个方面问题：一是企业应将广告宣传与品牌延伸相结合，通过驰名商标的品牌优势，开发新产品、拓展新市场，培育新商标，强化品牌效应的延伸能力，同时发挥广告投入的规模经济效应，提高商标权广告投入产出效率；二是企业应加强对品牌的技术研发和升级，提高品牌价值的核心竞争力，进一步带动广告投入的效率，扩大品牌效应，提升企业价值。

第三，本章发现商标权研发管理只在非国有企业中对企业价值有显著的促进作用，非国有企业不存在上述关系。这与大多数学者关于研发支出效率的研究结论基本一致，原因在于国有企业处于市场竞争的优势地位，缺乏研发活动的动力，加之国有企业代理问题更加突出，国有企业研发效率普遍不高；而非国有企业利用新技术改变市场竞争不利地位的动机更加强烈，对新技术的利用更为迅速、充分；非国有企业公司治理结构较为合理，有利于提高企业研发活动效率。

第四，本章发现商标权研发管理对高新技术企业价值存在促进作用，对非高新技术企业价值不存在上述关系。究其原因，一方面可能由于我国非高新技术上市公司研发支出效率大多较低，对企业商标权的研发管理重视度不高，因此对公司价值的促进作用微乎其微；另一方面，我国企业研发投入普遍处于较低水平、研发支出信息披露不规范、研发成果价值转化率低等也是上述结果的主要诱因。

第六章

商标权保护与企业价值研究

近年来，我国政府积极完善知识产权保护制度，包括制定和修订各项法律、法规，签订国际知识产权保护公约等，但是制度的建设和形成需要一定的时间，加之不同地区经济发展水平、政府管理能力、监督执法效率和人们文化素质的差异，知识产权保护水平具有一定的区域性。因此，随着商标权保护水平的提高，公司商标权被侵害的可能性降低，驰名商标品牌效应的增加对公司绩效的提升作用更加明显。本章将从知识产权保护的地区差异对该假说进行检验，旨在为我国完善商标权保护制度提供理论依据。本章以我国2004—2015年A股上市公司为样本，研究商标权保护与企业价值的相关关系，并在不同企业所有权性质、企业技术特征条件下，进一步检验商标权保护与企业价值之间的关系。

第一节　研究假设

一　商标权保护对企业价值的影响

关于知识产权保护水平对商标资产和公司绩效的影响问题，专门研究较少，目前研究大多集中于知识产权保护水平对研发、专利、版权等的影响，可以作为借鉴。Cockburn and Griliches（1988）研究公司专利、研发支出对公司市场价值的影响，他认为得到专利权可以巩固过去和现在研发活动的成果，提高研发活动效率；在专利保护较好的行业里，专利产出的增加带来的公司价值提升较多。Sanyal（2004）认为知识产权保护越好地区和企业，研发活动更加活跃，知识产权保护实力水平是跨国公司在海外选择研发中心的主要参考因素。Belderbos et al.（2006）研究知识产权制度和跨国公司研发活动之间的关系，得出以下研究结论：第一，科研效率取决于所在国家的知识产权制度、当地的科研基础条件和科研人员的工资水平；第二，知识产权制度包括知识产权保护的内容，研究发现当专利保护法规完善、执法力度大时，研发支出较大；第三，发展中国家正在努力提高本国的知识产权保护水平，以吸引更多的跨国公司在本国进行研发活动。Rylková and Chobotová（2014）认为知识产权是公司最重要的无形资产，知识产权的保护是维护世界商业关系的基本要素。市场全球化和技术的快速进步为知识产权的发展提供了机遇，也带来了挑战，公司不仅应该考虑知识产权资源，还需考虑知识产权保护，这样才能帮助公司维持并提高市场竞争地位。袁俊（2004）认为应将知识产权保护战略融入知识产权创新的价值链体系中，包括研发、生产、营销、服务环节，从而使企业获得高额利润的持久竞争优势。张杰（2012）研究知识产权保护、研发投入与企业利润之间的关系，研究发现在知识产权保护水平较高的地区和企业，研发投入力度大；随着知识产权保护水平的提高，市场竞争力强的企业利润增加，市场竞争力弱的企业利润减少，企业是否具有核心竞争力是企业享有知识产权保护效益的关键因素。

总之，商标权由于具有外部性特征，企业很难阻止其他人未经允许使用其商标，现实经济中商标侵权案件时有发生，影响了企业的商标价值，因此，商标权的保护是实现商标权价值的重要保障。目前，随着地方政府对知识产权保护力度的加强，商标专有权被侵害的可能性降低，商标权注册、商标权运用和商标权管理产生的经济效益得以巩固和提高，驰名商标的“品牌效应”进一步放大，对企业价值的提升作用更加明显。基于上述分析本书提出如下假设：

H6－1：地区知识产权保护水平越高，企业拥有的与驰名商标商品（服务）同类的注册商标数量越多，企业价值越高。

二　商标权保护对企业价值的影响：不同所有权性质

在知识经济时代，商标权作为一种重要的知识产权是企业参与市场竞争的重要资源，商标权保护对于实现商标价值和提高企业价值意义重大。然而，我国的商标权保护依然存在很多问题，如商标恶意抢注、销售侵犯注册商标专用权的商品、伪造他人注册商标标识等违法现象普遍存在，国际社会对我国商标权保护乃至知识产权保护状况异议颇多。但是，在薄弱的知识产权保护环境下，中国企业在研发和创新领域却出现了“中国之谜”，中国企业在全球研发支出、专利申请和授权、商标注册上一直居于全球国家前列，联合国教科文组织2015年报告显示中国研发支出占全球研发支出总额的20%，仅次于美国的28%。[①] 在知识产权保护与企业创新活动上，“中国现象”与学者们的经典理论研究并不完全一致，因此其内在机理必有其特别之处（Gould and Gruben，1996）。Fang et al.（2016）认为知识产权保护对国有企业和私营企业创新活动的作用不同，因为国有企业由政府部门直接控制，当知识产权法律制度不发达时，国家所有权和控制权可以作为知识产权保护的替代制度，通过知识产权国有化和偏向于国有企业的司法制度，保护国有企业知识产权；对于私营企业，因为不享受国家所有制提供的特殊保护，知识产权保护制度对企业创新活动的影响更加敏感。因此，在

---

① 参见联合国教科文组织国际专家小组编写的《2015年科学报告：面向2030》。

知识产权保护较好的地区，私营企业创新活动带来的收益要明显高于国有企业。

总之，商标权作为知识产权的重要组成部分，其价值实现和价值延伸必然受到知识产权保护环境的影响。理论研究表明，因为国家所有权可以作为国有企业知识产权保护的替代机制，使得私营企业研发创新活动更易受到知识产权保护环境的影响，因此随着地区知识产权保护水平的提高，私营企业商标培育、商标运用和商标管理为企业带来的经济效益更多。基于上述分析本书提出如下假设：

H6－2：地区知识产权保护水平越高，相比国有企业，非国有企业拥有的与驰名商标商品（服务）同类的注册商标数量越多，企业价值越高。

三　商标权保护对企业价值的影响：不同企业技术特征

理论界有关知识产权保护对企业创新、投资活动和企业价值的影响，结论并不统一。一方面，认为较强的知识产权保护水平能够降低企业的创新成果被模仿的风险，保护使用许可权或收取合理的使用费用，最终提高企业的营利能力（Yang and Maskus，2001）；另一方面，过于强大的知识产权保护状况可能会导致垄断力量的出现，研发投资不断减少，产品创新停滞不前（邹薇，2002）。Park（2005）认为上述两种现象的出现取决于技术所处的行业或者性质，处于化工和电子行业的美国企业更加在意所在地区的知识产权保护强度，处于冶金和交通运输行业的美国企业并不依赖于知识产权保护强度。另外，Smith（2001）研究发现，知识产权保护强度对企业收益的影响还取决于东道国家的模仿能力，模仿能力越强，模仿风险越高时，知识产权保护制度的作用越大。Yang and Maskus（2001）研究发现知识产权保护对投资活动的影响在不同行业中效果不同，纺织服装、简单电子产品加工、餐饮等低技术含量行业的投资活动对知识产权保护并不敏感，而医药、软件、化工等高技术含量行业的投资活动更加关注地区知识产权保护水平和执法能力。Javorcik（2004）认为知识产权保护在不同行业发挥的作用不同，在技术密集型行业中，如药物、化工、机械设备制造、电气设备制造等行业，对知识产权的保护制度的需求更加明显；在知识产权保护较为薄弱的国家中，投资者更倾向于从事纯粹的分销活动，而不愿意在当地直接开展研发生产活动。徐培源等（2014）认为知识产权保护带来的企业技术创新效应因行业技术特征的异质性而呈现差异，高技术行业对知识资源的依赖性大，知识产权保护的作用更加明显，低技术行业对知识资源依赖性小，对知识产权保护作用并不敏感，存在这种差异的主要原因是不同行业知识资产的排他性程度不同。

总之，商标权是法定权利，从商标权特点来看，企业商标权的保护是实现商标权价值的必要方式。高新技术企业产品研发投入巨大，更新换代快，因此一旦技术研发成功，产品必须迅速推向市场，培育和发挥品牌效应，扩大产品销售，加快资金周转速度。高新技术企业的品牌价值主要来源于技术创新成果，技术创新成果的顺利转化和广泛推广取决于知识产权保护状况。因此，从理论研究和实践经验来看，高新技术企业商标权价值实现更加依赖于知识产权保护水平，基于此本书提出如下假设：

H6－3：地区知识产权保护水平越高，相比非技术型企业，技术型企业拥有的与驰名商标商品（服务）同类的注册商标数量越多，企业价值越高。

第二节　研究设计

一　数据来源与样本选择

本章以我国2004—2015年上市公司为样本，中国驰名商标资料来源于中华人民共和国国家工商行政管理总局商标局网站，上市公司拥有的与驰名商标商品（服务）同类的注册商标数据通过商标局的商标查询网站手工收集获得；知识产权保护水平指标变量采用樊纲、王小鲁和朱恒鹏（2010）的《中国市场化指数》中对中国各省（区、市）1997—2009年知识产权保护程度的测度指标体系，对于2009年之后的年份指数值我们以2009年的数据代替（参见本章的稳健性检验3）；其他财务数据来自CSMAR数据库和Wind数据库。参照以往文献的做法，本章对样本进行了如下处理：（1）由于金融行业会计处理方法与其他行业不同，剔除金融行业数据；（2）由于ST公司可能会对结果带来一些偏误，剔除ST公司；（3）剔除变量有缺失的样本，并对相应的连续变量进行1%的缩尾处理，最终本章的研究样本总数为1202个。

二　变量定义

（一）被解释变量

本章的被解释变量为企业价值，采用托宾Q值（Tobin's Q），企业的市场价值与资本重置成本之比。该指标基本计算公式为Tobin's Q =（股权市值 + 净债务市值）/期末总资产，其中股权市值中，非流通股权市值用流通股股价代替计算；净债务市值 = 负债总额 - 应付职工薪酬 - 应付税费 - 应付股利 - 其他应付款 - 递延所得税负债。Tobin's Q可以反映企业运用资源创造的价值和投入资产的成本之间的大小关系。如果Tobin's Q大于1，表明企业能够有效利用资源创造价值，即企业价值高；反之，企业对资源的利用效率较差，即企业价值低。

（二）解释变量

1. 驰名商标强度（Well-know Trademark Intensity，WTI）

考虑到公司规模对商标数量有一定影响，借鉴Greenhalgh，

Rogers（2012）的研究使用商标强度作为衡量指标，本书将驰名商标强度定义为每百万元人民币资产所含有的与驰名商标商品（服务）同类的注册商标数量。

2. 知识产权保护水平（Intellectual Property Protection，IPP）

我们以所有省份的知识产权保护指数的均值为限定，大于均值表明该省份知识产权保护水平较好，取值为1；小于均值表明该省份知识产权保护水平较差，取值为0。

（三）控制变量

借鉴Hall（1993）、Nicholas（2002）、Toivanen et al.（2002）、Mehrazeen et al.（2012）和吴超鹏（2016）等学者的研究，选择如下变量作为控制变量。（1）公司规模，用企业期末总资产的自然对数来衡量，如果企业规模越大，拥有的资源越多，创造的价值能力越高；（2）债务权益比，本书选择负债总额与权益总额的比值作为资本结构的控制变量；（3）营业收入增长率，用企业当期营业收入增长值/上期营业收入来衡量，营业收入增长率越高，创造的企业价值越大；（4）固定资产比重，用固定资产/总资产进行计算；（5）无形资产比重，考虑到除去商标资产价值对公司绩效的影响作用外，专利、非专利技术等其他无形资产对结果也有一定的影响，用无形资产/总资产进行计算；（6）销售费用比重，一些研究表明广告投入会提高商标知名度、商标价值乃至公司价值，但是企业在销售费用中列支的包装费和展览费同样可以影响商标品牌的知名度，而且大部分企业中广告费用占全部销售费用的比例较大，因此最终采用销售费替代广告投资，用销售费用/营业收入进行计算；（7）公司成立年限，用公司成立年限的自然对数衡量；（8）第一大股东持股比例，用第一大股东持股占总股本的比例来衡量，控制公司治理水平对企业价值的影响；（10）所有权性质，如果企业是国有企业设定为1，非国有企业设定为0；（11）企业技术特征，根

表 6—1　　主要变量定义表

被解释变量	托宾 Q 值	Tobin's Q	（股东权益市值 + 净债务市值）/第 t 年末资产总额
解释变量	驰名商标强度	WTI	每百元人民币资产所含有的与驰名商标商品（服务）同类的注册商标数量
	知识产权保护水平	IPP	以所有省份的知识产权保护指数的均值为限定，大于均值表明该省份知识产权保护水平较高，取值为 1；小于均值表明该省份知识产权保护水平较低，取值为 0
控制变量	公司规模	Size	期末总资产的自然对数
	债务权益比	LEV	期末负债/期末所有者权益
	营业收入增长率	Salerate	企业当期营业收入增加值/上期营业收入
	固定资产比重	Tang	期末固定资产占期末总资产的比值
	无形资产比重	Inta	期末无形资产净额/期末总资产
	销售费用比重	Sesa	当期销售费用/当期营业收入
	市场份额	Mshare	公司营业收入/行业总营业收入
	公司成立年限	Firmage	公司成立年限的自然对数
	第一大股东持股比例	Fsrate	第一大股东持股占总股本的比例
	所有权性质	Ownership	国有企业设定为 Ownership = 1，非国有企业设定为 Ownership = 0
	企业技术特征	Htfirm	高新技术企业设定为 Htfirm = 1，非高新技术企业设定为 Htfirm = 0
	行业虚拟变量	Ind	控制行业因素的影响
	年度虚拟变量	Year	控制年度因素的影响

据中华人民共和国科学技术部 2008 年 4 月颁布的《高新技术企业认定管理办法》，将所有企业划分为高新技术企业与非高新技术企业，高新技术企业设定为 1，非高新技术企业设定为 0。最后，为

了控制行业因素和年度因素影响，模型中加入行业虚拟变量（Ind）和年度虚拟变量（Year），行业虚拟变量按照证监会制定的行业分类标准进行划分，制造业按二级行业分类，其余行业按一级行业分类。

三　计量模型

（一）基本模型

为检验研究假设 H6－1，本书基于理论模型及前人研究的计量模型形式构建如下实证模型：

$$\begin{aligned} Tobin'sQ_{it} = & b_0 + b_1 WTI_{it} + b_2 WTI_{it} \times IPP_{it} + b_3 IPP_{it} \\ & + b_4 Size_{it} + b_5 LEV_{it} + b_6 Salerate_{it} + b_7 6Tang_{it} \\ & + b_8 Inta_{it} + b_9 Sesa_{it} + b_{10} Mshare + b_{11} Firmage_{it} \\ & + b_{12} Fsrate_{it} + b_{13} Ownership_{it} + b_{14} Htfirm_{it} \\ & + Ind + Year + \varepsilon_{i,t} \end{aligned} \tag{6.1}$$

模型（6.1）中，$WTI_{it} \times IPP_{it}$相乘，若交乘项系数 b_2 显著大于零，则表明获得中国驰名商标认定后，在知识产权保护程度越好的地区，企业拥有的与驰名商标商品（服务）同类的注册商标数量越多，企业价值越高。

（二）模型分组

为检验研究假设 H6－2、H6－3，本章将采用两个变量对模型（6.1）分组进行检验。分组参照的变量：一是企业所有权性质变量；二是企业技术状况。

第三节　实证分析

一　描述性统计分析

由表 6—2 中描述性统计可以看出，驰名商标强度（WTI）均值7.862，最小值为0，最大值为133.544，跨度幅度较大；知识产权保护水平（IPP）均值0.480，最小值为0，最大值1。对于其他主要变量，样本企业的Tobin's Q均值为1.881，最小值为0.239，最大值为7.607；企业规模（Size）的对数均值为22.370，财务杠杆（LEV）均值为1.141，较为合适，营业收入增长率（Salerate）均值为14.4%；固定资产比重（Tang）均值是25.7%，最小值0.6%，最大值66.6%，跨度幅度较大；无形资产比重（Inta）均值为4.3%，最小值0，最大值14.4%，差距十分巨大；销售费用比重（Sesa）均值为8.6%，最小值0.3%，最大值为44.4%，差距悬殊；市场占有率（Mshare）均值为1%，相对偏低，说明市场竞争激烈，没有垄断性强的企业；公司成立年限的自然对数均值为2.604，最小值为1.386，最大值为3.367；第一大股东持股比例均值为37.1%，最小值为7.9%，最大值为75.5%，差距较大。总之，基本数据没有太大偏差。

表6—3是对中国各省（区、市）1997—2009年知识产权保护水平（IPP）所做的描述性统计，从表中可以看出上海市IPP均值为19.578，居全国第一，其次分别为浙江省和广东省，IPP均值分别为17.377和15.791，北京市位居第五位。知识产权保护水平较高的前10名省（区、市）中，东部地区占9位，西部地区仅占1位，知识产权保护水平较高的前20名省（区、市）中，东部地区占10位，中部地区占6位，西部地区占4位；知识产权保护水平较低的后10名省（区、市）中，东部地区占1位，中部地区占3位，西部地区占6位。另外，依据表6—4的单变量分析，以东部地区与中西部地区为例，地区知识产权保护水平差异显著，T检验和秩和检验均在1%水平下显著。总之，从整体数据来看，各省（区、市）知识产权保护水平存在明显的地区差异。

表 6—2　变量描述性统计

Variable	N	mean	sd	min	median	max
Tobin's Q	1202	1. 881	1. 382	0. 239	1. 527	7. 607
WTI	1202	7. 862	20. 964	0	0	133. 544
IPP	1202	0. 480	0. 500	0	0	1
Size	1202	22. 370	1. 325	20. 211	22. 090	26. 352
LEV	1202	1. 141	0. 977	0. 063	0. 858	5. 779
Salerate	1202	0. 144	0. 304	-0. 436	0. 109	1. 714
Tang	1202	0. 257	0. 154	0. 006	0. 223	0. 666
Inta	1202	0. 043	0. 029	0	0. 038	0. 144
Sesa	1202	0. 086	0. 088	0. 003	0. 055	0. 444
Mshare	1202	0. 010	0. 026	0	0. 002	0. 169
Firmage	1202	2. 604	0. 384	1. 386	2. 639	3. 367
Fsrate	1202	0. 371	0. 149	0. 079	0. 368	0. 755
Ownership	1202	0. 451	0. 498	0	0	1
Htfirm	1202	0. 471	0. 499	0	0	1

表 6—3　各省（区、市）知识产权保护水平的描述性统计

Province	N	mean	sd	min	median	max
上海	13	19. 578	17. 446	0. 910	16. 780	53. 040
浙江	13	17. 377	15. 634	1. 490	12. 450	53. 510
广东	13	15. 791	9. 363	2. 360	14. 680	32. 680
江苏	13	11. 757	14. 236	0. 590	6. 210	49. 010
北京	13	10. 436	11. 923	0. 440	6. 160	39. 660
天津	13	8. 313	6. 876	0. 960	6. 900	19. 690
山东	13	5. 522	3. 894	0. 750	4. 140	12. 220
福建	13	4. 965	2. 519	0. 900	4. 650	10. 320
辽宁	13	4. 909	3. 078	1. 720	4. 770	11. 610
重庆	13	3. 871	3. 200	0. 180	4. 230	10. 360
四川	13	3. 221	2. 902	0. 750	2. 190	10. 110
湖北	13	2. 871	2. 622	0. 230	2. 060	8. 680
湖南	13	2. 603	1. 579	0. 800	2. 110	5. 610

续表

Province	N	mean	sd	min	median	max
黑龙江	13	2.073	0.995	0.810	1.950	3.570
陕西	13	1.883	1.657	0.040	1.470	5.740
吉林	13	1.785	0.805	0.730	1.840	3.260
河南	13	1.720	1.355	0.290	1.180	4.330
河北	13	1.705	0.695	0.540	1.720	2.970
安徽	13	1.609	1.656	0.000	1.010	6.050
宁夏	13	1.192	0.882	0.390	0.860	3.530
江西	13	1.038	0.519	0.410	0.980	1.980
海南	13	0.996	0.382	0.640	0.930	2.100
贵州	13	0.955	0.517	0.330	0.820	2.000
云南	13	0.883	0.425	0.390	0.720	1.660
广西	13	0.848	0.341	0.330	0.800	1.440
新疆	13	0.794	0.480	0.270	0.630	1.780
山西	13	0.748	0.554	0.300	0.540	2.100
内蒙古	13	0.599	0.274	0.270	0.470	1.090
甘肃	13	0.508	0.400	0.010	0.400	1.180
西藏	10	0.439	0.744	-0.620	0.390	1.740
青海	13	0.237	0.416	-0.240	0.080	1.160
Total	400	4.262	7.773	-0.620	1.410	53.510

表6—4　　知识产权保护水平的单变量分析

variable	N	mean	sd	min	median	max	T检验	秩和检验
IPP：东西部地区差异								
东部地区	143	9.213	11.235	0.44	5.05	53.51	-8.153***	-11.211***
中西部地区	257	1.506	1.685	-0.62	0.96	10.36		

注：*** 表示回归系数在1%水平下显著，标准误差经过公司层面 cluster 调整。

二　单变量分析

表6—5给出了主要变量的相关系数，如表所示，Tobin's Q与驰名商标强度（WTI）的相关系数为0.105，且该系数在1%水平

上显著；Tobin's Q 与 IPP 相关系数为0. 013，但不显著；WTI 与 IPP 的相关系数为 0. 005，且该系数在 5% 水平上显著。初步说明知识产权保护水平的提高增大了企业驰名商标强度，随着驰名商标强度的提高增加了企业的 Tobin's Q，知识产权保护水平和驰名商标强度的提高有助于增加企业价值。另外对于其他控制变量，从控制变量之间的系数与显著性来看，变量之间不存在严重的多重共线性。

三　多元回归分析

为了检验假设 H6 - 1、H6 - 2 和 H6 - 3，本章对公式（6. 1）进行回归，然后按照企业所有权性质和企业技术特征分组进行回归，结果如表 6—6 所示。表 6—6 中第（1）列是对假设 H6 - 1 的检验结果，其中 WTI 的系数为负，且不显著；IPP 的系数为正，且不显著；WTI × IPP 交乘项的系数为 0. 031，在 5% 的水平下显著，说明随着知识产权保护水平的提高，企业拥有的与驰名商标商品（服务）同类的注册商标数量越多，企业价值越高，假设 H6 - 1 得以证明。

表 6—6 中第（2）—（3）列是对假设 H6 - 2 的检验结果，具体按照企业所有权性质将上市公司分为国有企业与非国有企业，当企业是国有企业时，设定为 Ownership = 1，其他情况设定为 Ownership = 0。从表中可以看出，对于国有企业，WTI、IPP 和 WTI × IPP 交乘项系数均不显著；对于非国有企业，WTI 的系数为 - 0. 032，在 10% 的水平下显著，IPP 系数为 0. 703，并不显著，WTI × IPP 交乘项系数为 0. 043，在 5% 水平下显著。说明在非国有企业中，随着知识产权保护水平的提高，企业拥有的与驰名商标商品（服务）同类的注册商标数量越多，企业价值越高；在国有企业中不存在上述关系，假设 H6 - 2 得以证明。

表 6—5 主要变量的相关性系数分析

	Tobin's Q	WTI	IPP	Size	LEV	Salerate	Tang	Inta	Sesa	Mshare	Firmage	Fsrate	Ownership	Htfirm
Tobin's Q	1													
WTI	0.105[a]	1												
IPP	0.013	0.005[b]	1											
Size	-0.399[a]	-0.253[a]	0.101[a]	1										
LEV	-0.217[a]	-0.110[a]	-0.017	0.482[a]	1									
Salerate	0.042	0.012	0.050	0.016	0.087[a]	1								
Tang	-0.146[a]	-0.052[b]	-0.059[b]	0.171[a]	0.018	-0.107[a]	1							
Inta	0.081[a]	0.043	-0.062[b]	-0.068[b]	-0.064[b]	-0.022	0.094[a]	1						
Sesa	0.145[a]	0.172[a]	-0.063[b]	-0.224[a]	-0.241[a]	-0.088[a]	-0.146[a]	0.128	1					
Mshare	-0.169[a]	-0.049	0.026	0.433[a]	0.361[a]	0.017	0.194[a]	-0.082[a]	-0.140[a]	1				
Firmage	0.052	-0.153[a]	0.047	0.230[a]	0.154[a]	-0.096[a]	0.058[b]	0.057[b]	-0.003	0.042	1			
Fsrate	-0.159[a]	0.020	-0.024	0.100[a]	0.002	0.047	0.183[a]	-0.020	-0.065[b]	0.103[a]	-0.226[a]	1		
Ownership	-0.173[a]	-0.082[a]	-0.104[a]	0.318[a]	0.253[a]	-0.077[a]	0.175[a]	-0.075[a]	-0.139[a]	0.221[a]	0.282[a]	0.170[a]	1	
Htfirm	0.082[a]	0.024	-0.016	-0.140[a]	-0.061[b]	0.023	-0.039	0.064[b]	-0.039	0.178[a]	-0.042	-0.017	-0.001	1

注：a 和 b 分别代表系数在 1% 与 5% 水平上显著。

表6—6中第（4）—（5）列是对假设H6－3的检验结果，具体按照企业技术特征将上市公司分为高新技术企业和非高新技术企业，当企业为高新技术企业时，设定为Htfirm＝1，当企业为非高新技术企业时，设定为Htfirm＝0。从表中可以看出，对于高新技术企业（Htfirm＝1），WTI的系数为－0.025，在5%的水平下显著，IPP系数为－0.339，并不显著，WTI×IPP交乘项系数为0.033，在10%水平下显著；对于非高新技术企业（Htfirm＝0），WTI的系数为－0.005，不显著，IPP系数为0.301，不显著，WTI×IPP交乘项系数为0.032，在10%水平下显著；从回归结果来看，针对假设H6－3，高新技术企业和非高新技术企业没有明显差别，假设H6－3未通过检验。

表6—6　　　　商标权保护对企业价值影响的实证结果

变量	(1)	(2)	(3)	(4)	(5)
	All	Ownership＝1	Ownership＝0	Htfirm＝1	Htfirm＝0
WTI	－0.010 (－1.08)	0.013 (1.41)	－0.032* (－2.30)	－0.025** (－2.08)	－0.005 (－0.38)
IPP	0.052 (0.07)	－1.100 (－1.27)	0.703 (1.11)	－0.339 (－0.51)	0.301 (0.35)
WTI×IPP	0.031** (2.42)	0.023 (0.85)	0.043** (2.55)	0.033* (1.72)	0.032* (1.85)
Size	－2.397*** (－8.75)	－2.275*** (－5.11)	－2.930*** (－6.96)	－3.531*** (－8.13)	－1.675*** (－4.65)
LEV	－0.218 (－0.72)	－0.392 (－0.97)	0.325 (0.81)	－0.099 (－0.16)	－0.142 (－0.17)
Salerate	－0.097 (－0.20)	0.261 (0.34)	－0.694 (－1.24)	－0.099 (－0.16)	－0.142 (－0.17)
Tang	－2.024 (－1.16)	－3.644 (－1.19)	－4.699* (－1.69)	－3.349 (－1.63)	－1.205 (－0.37)

续表

变量	(1)	(2)	(3)	(4)	(5)
	All	Ownership = 1	Ownership = 0	Htfirm = 1	Htfirm = 0
Inta	0.408	-2.903	6.095	-5.251	-0.385
	(0.06)	(-0.27)	(0.60)	(-0.59)	(-0.04)
Sesa	4.707*	-1.280	6.962**	5.230*	4.786
	(1.70)	(0.26)	(2.62)	(1.80)	(1.18)
Mshare	24.573*	37.691**	16.745	25.974	-2.670
	(1.95)	(2.38)	(0.40)	(0.44)	(-0.21)
Firmage	0.865	-0.356	0.623	0.956	0.610
	(1.41)	(-0.31)	(0.81)	(0.96)	(0.57)
Fsrate	-0.017	-0.004	-0.017	-0.012	-0.013
	(-1.17)	(-0.23)	(-0.79)	(-0.48)	(-0.78)
Ownership	0.115			0.204	0.278
	(0.21)			(0.30)	(0.24)
Htfirm	0.322	-1.375	1.059*		
	(0.69)	(-1.23)	(1.86)		
Constant	12.597***	22.419***	15.163***	17.168***	7.980***
	(6.02)	(9.29)	(4.59)	(4.22)	(4.84)
Ind	Control	Control	Control	Control	Control
Year	Control	Control	Control	Control	Control
调整 R^2	0.479	0.492	0.485	0.539	0.455
观测值	1,202	542	660	566	636

注：***、**、*分别表示回归系数在1%、5%、10%水平下显著，标准误差经过公司层面cluster调整。

四 稳健性检验

（一）公司价值变量的其他度量

本节将使用公司价值变量的其他度量方式，以此进一步检验回归结论的正确性。具体地，用MBOOK来衡量企业价值，MBOOK（市值账面比）为股权的市场价值除以账面价值，对本章假设进行检验。结果如表6—7所示，当被解释变量公司价值用MBOOK替代时，表中（1）列数据显示，驰名商标强度与知识产权保护水平的交乘项（WTI×IPP）系数为0.005，在10%水平下显著，说明随着知识产权保护水平的提高，企业拥有的与驰名商标商品（服务）同类的注册商标数量越多，企业价值越高，进一步证明了假设H6-1；表中（2）—（3）列为企业不同所有权性质下，商标权保护对企业价值的影响，表中（4）—（5）为企业不同技术特征下，商标权保护对企业价值的影响，从WTI×IPP交乘项的结果来看，主要结论不变。

表6—7　　　　企业价值度量的稳健性检验

变量	(1)	(2)	(3)	(4)	(5)
	All	Ownership = 1	Ownership = 0	Htfirm = 1	Htfirm = 0
WTI	0.009	0.002	0.014*	0.013**	0.004
	(1.57)	(0.26)	(1.79)	(2.29)	(0.48)
IPP	-0.015	-0.132	0.139	0.214	-0.281
	(-0.07)	(-0.34)	(0.59)	(0.87)	(-0.91)
WTI×IPP	0.005*	-0.005	0.010**	0.012**	0.001*
	(1.86)	(-0.47)	(2.19)	(2.40)	(1.93)
Size	-0.697***	-0.766***	-0.668***	-0.844***	-0.589***
	(-5.18)	(-3.46)	(-3.99)	(-4.56)	(-3.17)
LEV	-0.498***	0.289	0.951***	0.512***	0.493**
	(-3.6)	(1.61)	(5.99)	(2.87)	(2.57)
Salerate	1.035***	0.52	1.180***	1.157**	0.993***
	(3.3)	(1.32)	(2.88)	(2.57)	(2.92)
Tang	-2.122***	-2.155**	-3.562***	-2.459**	-1.741
	(-3.04)	(-2.02)	(-4.38)	(-2.55)	(-1.44)
Inta	-1.377	-2.188	-0.023	-1.509	-4.645
	(-0.43)	(-0.40)	(-0.01)	(-0.41)	(-0.85)
Sesa	1.31	-0.699	2.179**	0.574	2.524*
	(1.37)	(-0.46)	(2.01)	(0.52)	(1.67)

续表

变量	(1)	(2)	(3)	(4)	(5)
	All	Ownership = 1	Ownership = 0	Htfirm = 1	Htfirm = 0
Mshare	3.714 (0.54)	5.713 (0.48)	3.696 (0.25)	7.62 (0.37)	-8.778 (-0.84)
Firmage	0.023 (0.1)	0.351 (0.72)	0.161 (0.76)	0.623* (1.98)	-0.264 (-0.80)
Fsrate	0.016** (2.15)	0.024* (1.97)	0.017** (2.1)	0.004 (0.54)	0.025** (2.35)
Constant	16.844*** (6.84)	20.227*** (4.89)	16.753*** (4.95)	20.177*** (6.06)	14.331*** (4.32)
Ind	Control	Control	Control	Control	Control
Year	Control	Control	Control	Control	Control
调整 R^2	0.404	0.424	0.444	0.459	0.416
观测值	1，202	542	660	566	636

注：***、**、*分别表示回归系数在1%、5%、10%水平下显著，标准误差经过公司层面cluster调整。

（二）知识产权保护指数的替代

本节将使用知识产权保护的其他度量方式，以此进一步检验回归结论的正确性。具体地，用城市知识产权保护指数（CIPP）来衡量知识产权保护水平，对本章假设进行检验。中国社科院编订的《中国城市竞争力报告》2002—2010年每年会公布最具有竞争力的50—60个城市的知识产权保护指数，取值范围在0—1，知识产权保护最好的城市指数取值为1，其他城市指数取值由高到低排列。我们以所有城市的知识产权保护指数的均值为限定，大于均值表明该城市知识产权保护水平较高，取值为1；小于均值表明该城市知识产权保护水平较低，取值为0，对于2010年之后的年份指数值我们以2010年的数据代替。结果如表6—8中（1）—（5）列所示，主要结论不变。

表 6—8 知识产权保护指数的稳健性检验

变量	城市知识产权保护水平（CIPP）				
	(1)	(2)	(3)	(4)	(5)
	All	Ownership = 1	Ownership = 0	Htfirm = 1	Htfirm = 0
WTI	0.006 (0.69)	0.016 (1.02)	0.003 (0.29)	-0.012 (-0.86)	0.020** (2.55)
CIPP	0.404 (0.90)	-0.594 (-0.79)	0.015 (0.02)	-1.02 (-1.63)	0.586 (1.00)
WTI × IPP	0.010* (1.78)	0.01 (0.49)	0.011** (2.20)	0.001** (2.36)	0.008* (1.85)
Size	-2.409*** (-8.62)	-2.228*** (-5.32)	-3.021*** (-7.11)	-3.497*** (-7.53)	-1.540*** (-4.56)
LEV	-0.221 (-0.82)	-0.432 (-1.20)	0.377 (0.97)	-0.044 (-0.14)	-0.315 (-0.79)
Salerate	-0.149 (-0.35)	0.143 (0.2)	-0.766 (-1.37)	-0.257 (-0.45)	-0.256 (-0.35)
Tang	-2.177 (-1.31)	-2.488 (-1.15)	-4.474 (-1.63)	-3.467* (-1.70)	-1.528 (-0.62)
Inta	-1.246 (-0.19)	-3.987 (-0.43)	2.65 (0.26)	-7.014 (-0.79)	-0.028 (-0.00)
Sesa	3.863 (1.42)	-0.288 (-0.07)	5.826* (1.96)	3.255 (1.19)	5.12 (1.2)
Mshare	23.586* (1.88)	32.835* (1.9)	17.599 (0.41)	16.819 (0.27)	0.701 (0.05)
Firmage	0.849 (1.48)	0.125 (0.14)	0.848 (1.1)	0.604 (0.59)	0.826 (0.97)
Fsrate	-0.019 (-1.29)	-0.011 (-0.63)	-0.024 (-1.08)	-0.016 (-0.68)	-0.016 (-1.00)
Constant	12.695*** (6.24)	17.470*** (7.52)	14.825*** (4.34)	18.688*** (4.39)	7.434*** (4.53)

续表

变量	城市知识产权保护水平（CIPP）				
	(1)	(2)	(3)	(4)	(5)
	All	Ownership = 1	Ownership = 0	Htfirm = 1	Htfirm = 0
Ind	Control	Control	Control	Control	Control
Year	Control	Control	Control	Control	Control
调整 R^2	0.478	0.48	0.473	0.542	0.454
观测值	1，202	542	660	566	636

注：***、**、*分别表示回归系数在1%、5%、10%水平下显著，标准误差经过公司层面cluster调整。

（三）数据的时间问题

本章主要研究不同省份商标权保护差异对企业价值的影响，对数据的时变性要求不强；而且由于影响各省（区、市）知识产权保护水平的因素包括司法保护水平、行政管理水平、相关服务机构配备、社会公众意识等（徐春明和单晓光，2008），因此提高地区知识产权保护水平需要较长一段时间；此外，本章对知识产权保护水平（IPP）的数据处理以所有省（区、市）1997—2015年知识产权保护指数的均值为限定（2009年之后的年份指数值我们以2009年的数据代替），大于均值表明该省（区、市）知识产权保护水平较高，取值为1，小于均值表明该省（区、市）知识产权保护水平较低，取值为0，是考虑到各省（区、市）知识产权保护水平在一段时间内存在相对的稳定性，采用虚拟变量将知识产权保护状况分为“较高”和“较低”两种水平，其目的也是为了弥补数据缺失的影响。总之，本章知识产权保护水平（IPP）2009—2015年的指数值以2009年的数据代替，忽略了2009年之后的知识产权保护水平的时变性，因此采用李诗等（2012）的研究方法进行如下稳健性检验：仅用2004—2009年的样本进行回归分析，如表6—9所示，实证结论依然不变。

表 6—9　　数据时间问题的稳健性检验

变量	(1)	(2)	(3)	(4)	(5)
	All	Ownership = 1	Ownership = 0	Htfirm = 1	Htfirm = 0
WTI	0.015	0.009	0.024	-0.012	0.029
	(0.88)	(0.77)	(1.13)	(-0.90)	(1.49)
IPP	0.041	0.025	0.005	-0.938	0.216
	(0.06)	(0.03)	(0.01)	(-1.43)	(0.2)
WTI × IPP	0.035**	0.028	0.041**	0.039**	0.040*
	(2.80)	(1.11)	(2.85)	(2.45)	(1.68)
Size	-2.132***	-2.776***	-2.068***	-2.340***	-1.735***
	(-6.30)	(-5.26)	(-3.68)	(-4.77)	(-3.16)
LEV	0.532	0.452	1.232	-0.531	1.242
	(1.11)	(0.7)	(1.3)	(-1.17)	-1.6
Salerate	0.513	-0.273	2.187*	1.435	0.561
	(0.77)	(-0.35)	(1.68)	(1.54)	(0.45)
Tang	0.496	2.898	-4.046	-0.5	2.011
	(0.2)	(1.03)	(-1.00)	(-0.21)	(0.51)
Inta	-7.733	-8.577	-16.348	8.933	-14.946
	(-0.85)	(-0.85)	(-1.36)	(0.82)	(-1.17)
Sesa	9.302**	2.779	14.171*	3.533	12.663
	(2.25)	(0.72)	(1.92)	(1.00)	(1.49)
Mshare	9.383	84.421**	-40.841*	-30.937	-2.109
	(0.35)	(2.16)	(-1.73)	(-0.45)	(-0.06)
Firmage	0.58	-0.081	1.521	1.322	-0.377
	(0.67)	(-0.08)	(1.01)	(1.28)	(-0.24)
Fsrate	-0.040**	-0.063**	-0.032	-0.01	-0.071*
	(-2.08)	(-2.50)	(-1.11)	(-0.43)	(-1.98)
Constant	13.386***	18.672***	11.651***	15.970***	16.071***
	(6.16)	(6.29)	(3.16)	(3.94)	(3.67)
Ind	Control	Control	Control	Control	Control
Year	Control	Control	Control	Control	Control
调整 R2	0.51	0.583	0.511	0.567	0.547
观测值	465	251	214	230	235

注：***、**、* 分别表示回归系数在 1%、5%、10% 水平下显著，标准误差经过公司层面 cluster 调整。

第四节 本章小结

本章以我国2004—2015年A股上市公司作为研究对象，研究商标权保护对企业价值的影响。本章的实证研究表明，知识产权保护水平越高，企业拥有的与驰名商标商品（服务）同类的注册商标数量越多，企业价值越高。知识产权保护水平越高，相比国有企业，非国有企业拥有的与驰名商标商品（服务）同类的注册商标数量越多，企业价值越高。知识产权保护水平越高，非技术型企业与技术型企业拥有的与驰名商标商品（服务）同类的注册商标数量越多，企业价值越高。

本章的研究结论具有以下方面的启示。

第一，商标权保护保障商标权价值实现，商标权价值实现带动企业价值提升。目前，随着地方政府对知识产权保护力度的加强，商标专有权被侵害的可能性降低，商标权注册、商标权运用和商标权管理产生的经济效益得以巩固和提高，驰名商标的“品牌效应”进一步放大，对企业价值的提升作用更加明显。

第二，与非国有企业相比，国有企业更需要加大商标权保护力度，促进商标资产价值实现。本章研究发现，在非国有企业中商标权保护对企业价值提升的作用更强，而国有企业可能由于国家所有权作为国有企业知识产权保护的替代机制，使得地区商标权保护水平与国有企业价值不存在显著正向关系。这一现象的存在短期之内可能会解决国有企业知识产权保护不力的状况，但是从长远来说，国有企业要适应市场竞争机制，提高市场竞争效率，保护自主知识产权，发挥国有品牌优势，必须重视国有商标权的管理和保护，才能真正促进国有企业商标权价值的实现和增值。

第三，高新技术企业与非高新技术企业同样重视商标权保护，商标权保护促进企业价值提升。一直以来，国际社会对我国的知识产权保护状况异议颇多，本章研究表明，我国政府近年来制定并实施的知识产权战略对商标权保护产生了一定的效果；此外，高新技术企业和非高新技术企业的商标保护都能促进企业价值提升，一方面说明非高新技术企业对知识产权保护的重视程度不断提升，促进商标权价值和企业价值增加；另一方面，按照 Smith（2001）观点，知识产权保护强度对企业收益的影响还取决于东道国家的模仿能力，模仿能力越强，模仿风险越高时，知识产权保护制度的作用越大。

第七章

研究结论与相关建议

本章是本书的研究结论与政策建议部分，首先，简要概括本书的研究结论；其次，依据我国企业商标权战略，从商标权运用、商标权管理、商标权保护三个主要方面，针对研究结论提出对应的政策建议；最后，总结本书的研究局限以及未来的研究方向。

第一节　研究结论

本书以2004—2015年中国A股上市公司为研究样本，考察商标权战略对企业价值的影响。具体而言，按照2008年国务院发布的《国家知识产权战略纲要》内容，将商标权战略细分为运用、管理和保护三个方面，以中国上市公司商标权作为研究对象，通过定性与定量的分析方法探讨上市公司获得驰名商标认定后，商标权的运用、管理和保护活动对企业价值的影响。在企业商标权运用过程中，主要分析商标定位策略和商标延伸策略，并在不同企业所有权性质、企业技术特征条件下，进一步检验商标权运用与企业价值之间的关系；在企业商标权管理过程中，主要分析商标权管理中的营销活动与研发活动，并在不同企业所有权性质、企业技术特征条件下，进一步检验商标权管理与企业价值之间的关系；在商标权保护过程中，主要分析知识产权保护的地区差异对商标资产和企业价值的影响，并在不同企业所有权性质、企业技术特征条件下，进一步检验商标权保护与企业价值之间的关系。本书的研究结论有以下几点。

一　商标权运用对企业价值的影响

以我国2004—2015年A股上市公司作为研究对象，具体研究商标定位策略和商标延伸策略对企业价值的影响。本实证研究表明，上市公司获得驰名商标认定后，企业价值有明显的提升。上市公司获得驰名商标认定后，企业运用商标延伸策略，企业拥有的与驰名商标商品（服务）同类的注册商标数量越多，企业价值越大。获得驰名商标认定后，相对于国有企业，非国有企业的绩效提升更加显著。获得驰名商标认定后，相对于国有企业，非国有企业拥有的与驰名商标商品（服务）同类的注册商标数量越多，企业价值提升更加显著。获得驰名商标认定后，相对于非技术型企业，技术型企业价值提升更加显著。商标延伸策略对于两类不同技术特征的企业价值提升均不显著。

二　商标权管理对企业价值的影响

以我国2004—2015年A股上市公司作为研究对象，具体研究商标营销管理和研发管理对企业价值的影响。实证研究表明，随着广告支出的增加，企业拥有的与驰名商标商品（服务）同类的注册商标数量越多，企业价值越高。随着广告支出的增加，相对于非国有企业，国有企业拥有的与驰名商标商品（服务）同类的注册商标数量越多，企业价值提升更加显著。随着广告支出的增加，相对于非技术型企业，技术型企业拥有的与驰名商标商品（服务）同类的注册商标数量越多，企业价值提升更加显著。随着研发支出的增加，相对于国有企业，非国有企业拥有的与驰名商标商品（服务）

同类的注册商标数量越多，企业价值提升更加显著。随着研发支出的增加，相对于非技术型企业，技术型企业拥有的与驰名商标商品（服务）同类的注册商标数量越多，企业价值提升更加显著。

三　商标权保护对企业价值的影响

以我国2004—2015年A股上市公司作为研究对象，研究商标权保护对企业价值的影响。实证研究表明，地区知识产权保护水平越高，企业拥有的与驰名商标商品（服务）同类的注册商标数量越多，企业价值越高。地区知识产权保护水平越高，相比国有企业，非国有企业拥有的与驰名商标商品（服务）同类的注册商标数量越多，企业价值越高。地区知识产权保护水平越高，非技术型企业与技术型企业拥有的与驰名商标商品（服务）同类的注册商标数量越多，企业价值越高。

第二节　政策建议

一　商标权运用

第一，实施以创建驰名商标为核心的品牌战略，加强驰名商标认定标准化、规范化和市场化。我国是商标大国，但不是品牌强国，有必要启动培育具有自主知识产权的知名品牌战略。研究表明，中国驰名商标的认定具有一定的科学性、权威性和影响力，在培育企业自主品牌、提升企业价值上的作用不容忽视，政府和企业应注重实施以创立驰名商标为核心的品牌建设，提高我国企业市场竞争力。此外，我国目前的驰名商标认定制度还处于发展初期，无序认定、泛滥认定现象普遍，加之驰名商标保护制度存在一定缺陷，导致企业中“防御商标”“闲置商标”等大量存在，影响了企业商标价值延伸的有效性，也加重了经济活动中商标注册行为的不公平程度，社会资源严重浪费，因此，应加强驰名商标认定的标准化、规范化和市场化，引导企业依靠技术创新和科学管理优化整合商标资源，强化品牌效应的优势培育，以此实现产品的高附加值。

第二，强化商标发展的市场竞争机制，提高国有企业商标经营效率。研究表明，一些具有垄断性质的国有和国有控股企业商标经营缺乏效率，品牌效应不足，究其原因，主要在于竞争激励机制的不同。目前地方政府大力支持本地企业申报驰名商标，一些国有企业在资源配置上具有垄断优势，容易获得驰名商标认定，但是由于缺乏市场竞争机制，国有企业品牌培育、品牌经营效率较低，因此，在规范驰名商标认定的基础上，应进一步推进国有企业和国有控股企业体制和运行机制改革，明晰企业商标所有权，注重商标发展的长远利益，推动企业商标增值。

第三，推动商标权质押融资制度，激励企业自主知识产权创新。本书研究发现，我国新兴资本市场也能够反映出企业拥有的商标权同企业绩效之间的价值关联性，这与成熟资本市场的研究结论基本一致。资本市场的这一功能既可以驱动企业进行自主知识产权的创新活动，又为金融机构开展商标权等知识产权的质押贷款业务提供了新的理论支持。金融机构开展商标权质押融资，一方面，有利于发挥市场中商标品牌的带动效应，增强企业自主创新的能力，并为企业的稳定发展服务；另一方面，可以帮助企业真正实现知识产权产业化、资本化，引导企业转变生产经营方式，实现又好又快发展。

二　商标权管理

第一，实施有效的营销活动和研发活动，提升企业商标资产价值。商标权管理对于企业商标资产的保值、增值以及企业核心竞争力的提升意义重大，研究表明，营销活动和研发活动是商标价值管理的有效方式。具体实施时，一方面，企业应以创建、培育驰名商标的品牌战略为导向，发挥营销活动在品牌效应中的带动作用，结合优质的产品性能和服务，提高商标知名度；另一方面，强化自主品牌的自主创新意识，加强研发投资，借鉴优秀的科学技术和管理经验，提高研发投资效率，为企业商标发展注入持久竞争力。

第二，注重商标权营销管理，发挥驰名商标品牌效应。研究表明，商标权营销管理对企业价值有显著的促进作用。扩大驰名商标的品牌效应，增加驰名商标资产价值，目前最常见、做有效的营销方式当属广告投资，广告投资具有强化产品品质认知度、传播品牌知名度、维持品牌持久度等作用，广告投资是促进商标信誉和商品信誉相统一的最好最快的方式，也是企业提高商标知名度、占有市场的最简捷的途径。企业在商标发展策略中不仅需要创建、培育、保护驰名商标，而且应该发挥广告投资的带动作用，并结合优质的产品和服务，提升企业商标资产价值。

第三，依托自主创新品牌，建立和优化企业研发创新制度。企业研发投入的目的是提高企业核心竞争力，最终形成以品牌、商标为代表的无形资产，创造企业价值，研发投入是商标权价值形成的主要影响因素。目前，我国企业研发投入普遍较少，除海尔、海信、联想、华为、北大方正等少数优秀企业外，多数企业尚未建立起完善的研发创新制度，其制度表面化与空心化现象较为严重，提升商标资产价值及企业绩效，健全企业研发创新制度十分必要。纵观苹果、三星、微软、百事、耐克等商标权价值排名较高的企业，以制度形式强化自身创新能力不仅形成广泛共识，且业已得到积极践行。对于我国企业，一方面其应结合自身商标权战略与发展战略，从制度角度确立创新在企业中的重要性，并对研发投入、研发奖励、研发成果转化等内容进行规范，对研发执行不达标的个人或部门予以惩罚，对表现良好的科技人员施以奖励，避免出现制度执行流于形式的现象；另一方面，企业还应不断优化研发创新制度，积极构建自主创新的“软实力”（理念、价值观、科学精神、文化氛围等），加强与科研部门、高校联合共建工程实验室、共性技术研发和工程化平台，引进国内外优秀科研人才，切实提高企业研发实力。

三　商标权保护

加强知识产权强国战略，建立三位一体多层次商标权保护策略。一直以来，国际社会对我国的知识产权保护状况异议颇多，本书研究表明，我国政府近年来制定并实施的知识产权战略对商标权保护产生了一定的效果。完善商标权保护制度，应以市场为导向，结合政府的政策支持，提高企业商标权保护意识，建立市场、政府、企业三位一体多层次的保护策略。市场方面，协调工商、质检、商务、公安、海关、知识产权等相关部门合作，加大商标权保护力度，严厉查处商标侵权行为，创造公平竞争的市场环境。政府部门，可以制定鼓励性和惩罚性并行的保护制度，二者相互促进，即一方面建立正面提倡、鼓励和促进商标发展和品牌战略的法规，提升企业品牌经营的积极性；另一方面，强化惩罚性立法，对危害商标正常培育、管理、运用机制的违法犯罪活动进行惩罚和打击，为品牌发展保驾护航。企业方面，强化商标产权意识，建立健全内部商标管理制度，把商标权保护工作纳入企业的日常经营管理活动之中，合法、合理、科学使用商标。

第三节　研究局限与展望

一　研究局限

（1）理论方面，本书研究了商标权运用、商标权管理和商标权保护对企业价值的影响。对于这个庞大复杂的研究体系，作者在理论分析的过程中还存在一定的不足，尤其是结合企业所有权性质、企业技术特征对上述关系影响的理论分析还比较薄弱。

（2）度量方法，本书关于商标权的数据仅度量了商标的数量而非具体价值，在商标权运用、管理和保护的研究过程中，主要通过驰名商标强度（每百万元人民币资产所含有的与驰名商标商品（服务）同类的注册商标数量）来考察商标权战略对企业价值的影响，由于中国权威机构提供全面、系统的商标价值信息几乎没有，对于商标权战略对商标价值的具体影响，商标价值对企业价值的具体影响无法深入讨论，该问题有待未来进一步研究。

（3）本书的研究模型中已参考前人研究选择相应的控制变量，并增加了一些可能会对因变量产生影响的控制变量，但是局限于数据来源和自身经验，仍然会有一些因素未加入计量模型中。

二　研究展望

（1）扩展商标权战略的具体研究内容。第一，在商标权运用中主要研究商标定位策略和商标延伸策略，实务中商标权运用还包括商标入股、商标换股、商标质押融资等具体运用方式，但是由于我国商标价值评估方法和制度并不完善，全面、系统的商标价值数据很难获取，商标运用的其他方式对企业价值的影响作用难以系统研究，随着未来我国商标资产评估制度体系的完善，商标权各种运用方式对企业价值的影响将得到进一步研究。第二，在商标权管理中主要研究商标的广告投入和研发投入，实务中商标管理还包括商标权展期情况、续展费用、是否制订海外注册计划等，这些内容是否影响企业价值也有待进一步研究。第三，商标权作为知识产权的重要组成部分，具有传统理论中知识产权的三大法律特性：即专有性、时间性和地域性（郑成思，1993），本书主要研究商标权的地域性特征，随着研究数据的收集和研究经验的积累，对于商标权专有性和时间性对企业价值影响的研究将成为未来的一个方向。

（2）丰富商标权战略对企业价值影响的研究视角。本书关于商标权战略对企业价值的影响，主要结合不同企业所有权性质、企业技术特征分析对上述关系进行分析，但是考虑到不同企业采取商标权战略的多样性特点，比如垄断性行业与非垄断性行业、专业化经营模式和多样化经营模式等，这些行业特征和企业特征都会对商标权战略产生一定的影响，进而作用于企业价值，本书未来将以上述两个方面为基础丰富商标权战略对企业价值影响的研究视角。

参考文献

[1] 艾丰:《名牌论》，经济日报出版社 2001 年版。

[2] [英] 安东尼·吉登斯:《民族—国家与暴力》，胡宗泽、赵力涛译，生活·读书·新知三联书店 1998 年版。

[3] [英] 保罗·斯图伯特主编:《品牌的力量》，尹英、万新平、宋振译，中信出版社 2000 年版。

[4] 曹勇、赵莉、张阳、罗楚郡:《高新技术企业专利管理与技术创新绩效关联的实证研究》，《管理世界》2012 年第 6 期。

[5] 崔文丹:《提高我国高新技术企业品牌资产价值策略研究》，《中国流通经济》2008 年第 3 期。

[6] 戴彬:《论商标权的取得与消灭》，博士学位论文，华东政法大学，2013 年。

[7] 戴明辉:《高科技企业品牌战略研究》，江西财经大学，2006 年。

[8] [英] 戴维·M. 沃克:《牛津法律大辞典》，李双元译，法律出版社 2003 年版，第 479 页。

[9] 邓宏光:《商标法的理论基础——以商标显著性为中心》，法律出版社 2008 年版。

[10] 邓小洋:《商誉会计论》，博士学位论文，上海财经大学，2000 年。

[11] 董必荣：《试论企业核心能力与商誉的关系》，《北京工商大学学报》2003 年第 5 期。

[12] [日] 儿玉文雄：《发明专利经济学》，专利文献出版社 1990 年版。

[13] 樊纲、王小鲁、朱恒鹏：《中国市场化指数——各地区市场化相对进程 2009 年报告》，经济科学出版社 2010 年版。

[14] [美] 菲利普·科特勒：《营销管理——分析、计划、执行和控制》（第 9 版），卢泰宏、高辉译，上海人民出版社 2000 年版。

[15] 冯仁涛、张庆、余翔：《商标、广告对企业市场价值的贡献研究——基于医药行业的实证分析》，《管理评论》2013 年第 6 期。

[16] 冯晓青：《企业品牌定位策略研究》，《当代经济管理》2010 年第 5 期。

[17] 冯晓青：《企业商标使用策略研究》，《东南大学学报》（哲学社会科学版）2006 年第 5 期。

[18] 冯晓青：《企业商标延伸策略探讨》，《电子知识产权》2005 年第 5 期。

[19] 冯晓青：《知识产权制度与技术创新之内在联系研究——以两者内在协同机制、模仿和知识产权保护强度为考察视角》，《时代法学》2013 年第 4 期。

[20] 郭萍、潘雷：《我国高新技术企业品牌创建初探》，《合作经济与科技》2008 年第 9 期。

[21] 洪少枝、尤建新、郑海鳌、邵鲁宁：《高新技术企业知识产权战略评价系统研究》，《管理世界》2011 年第 10 期。

[22] 胡玉蓉：《产权属性视角下中国驰名商标认定与企业绩效效应研究》，硕士学位论文，三峡大学，2013 年。

[23] 黄浩：《国外国有资产管理模式对我国国有资产管理的启示》，《生产力研究》2011 年第 10 期。

[24] 李海舰、冯丽：《企业价值来源及其理论研究》，《中国工业经济》2004 年第 3 期。

[25] 李海鹏：《企业品牌竞争力测评研究》，博士学位论文，辽宁大学，2012 年。

[26] 李娟：《我国商标注册制度研究》，硕士学位论文，华中师范大学，2011 年。

[27] 李莉、闫斌、顾春霞：《知识产权保护、信息不对称与高科技企业资本结构》，《管理世界》2014 年第 11 期。

[28] 李明：《国有企业制度对研发投入的约束》，《湖北社会科学》2005 年第 8 期。

[29] 李诗、洪涛、吴超鹏：《上市公司专利对公司价值的影响——基于知识产权保护视角》，《南开管理评论》2012 年第 6 期。

[30] 李士杰：《商标的价值与商誉》，《中国资产评估》1996 年第 2 期。

[31] 李欣：《高科技品牌广告效果影响因素实证分析研究》，博士学位论文，山东大学，2009 年。

[32] 李雨峰、曹世海：《商标权注册取得制度的改造——兼论我国〈商标法〉的第三次修改》，《现代法学》2014 年第 5 期。

[33] 梁上上：《论商誉和商誉权》，《法学研究》1993 年第 5 期。

[34] 刘春田：《知识产权制度是创造者获取经济独立的权利宪章》，《知识产权》2010 年第 6 期。

[35] 刘方圆：《商标评估法律问题研究》，硕士学位论文，华中科技大学，2012 年。

[36] 刘红霞、张烜：《驰名商标价值管理与企业绩效研究——以上市公司营销活动和研发活动为例》，《甘肃社会科学》2015

年第 6 期。

[37] 刘红霞、张烜：《商标权保护对公司价值的影响》，《中央财经大学学报》2016 年第 2 期。

[38] 刘红霞：《完善我国商标权价值评估方法及其制度体系的理论探讨》，《中央财经大学学报》2013 年第 4 期。

[39] 刘华：《知识产权制度的理性与绩效分析》，中国社会科学出版社 2004 年版。

[40] 罗子明：《品牌传播研究》，企业管理出版社 2015 年版。

[41] 马金涛：《论商标使用与商标权保护》，硕士学位论文，华东政法大学，2010 年。

[42] 马小龙：《研发支出对中小企业成长性的作用研究》，《开发研究》2014 年第 2 期。

[43] 倪鹏飞：《中国城市竞争力报告》（每年一本），社会科学文献出版社 2002—2010 年版。

[44] 聂鑫：《论企业商标管理战略》，《知识经济》2009 年第 9 期。

[45] 彭学龙：《商标法的符号学分析》，法律出版社 2007 年版。

[46] 邱军生：《浅析驰名商标对经济社会的作用》，《消费导刊》2008 年第 3 期。

[47] 任少刚：《商标权取得制度的历史沿革》，《中华商标》2008 年第 1 期。

[48] 邵克亮：《企业的商标管理机制探讨》，硕士学位论文，华东政法学院，2005 年。

[49] 邵文猛：《信托制度在知识产权中的应用》，《法治与社会》2011 年第 1 期。

[50] 史宇鹏、顾全林：《知识产权保护、异质性企业与创新：来自中国制造业的证据》，《金融研究》2013 年第 8 期。

[51] 苏喆：《把握公平与效率的双重价值取向——论我国商标权

取得制度的完善》,《知识产权》2012 年第 3 期。

[52] 孙维峰、黄祖辉:《广告支出、研发支出与企业绩效》,《科研管理》2013 年第 2 期。

[53] 汪洋:《从战略层面加强企业商标管理》,《法治与社会》2013 年第 8 期。

[54] 王璐、李安渝、张昭、秦良娟:《我国商标管理制度运行绩效的区域评价研究》,《华中师范大学学报》(人文社会科学版)2014 年第 3 期。

[55] 王婉婷:《管理层持股、研发支出与公司可持续增长》,硕士学位论文,东北财经大学,2016 年。

[56] 文豪、刘斌:《中国知识产权制度的运行绩效:基于专利制度的实证分析》,《宏观经济研究》2012 年第 3 期。

[57] 文学:《商标使用和商标保护研究》,法律出版社 2009 年版。

[58] [日] 我妻荣等编:《新法律学辞典》,中国政法大学出版社 1991 年版。

[59] 吴超鹏、唐菂:《知识产权保护执法力度、技术创新与企业绩效——来自中国上市公司的证据》,《经济研究》2016 年第 11 期。

[60] 吴汉东:《知识产权法》,中国政法大学出版社 2002 年版。

[61] 吴汉东等:《知识产权基本问题研究》,中国人民大学出版社 2005 年版。

[62] 吴汉东等:《知识产权基本问题研究》(分论)(第二版),中国人民大学出版社 2009 年版。

[63] 吴佐、张敏、王文:《所有制结构、研发资源错配与研发回报率的相互关系——基于 2005—2007 年中国工业企业的经验数据》,《统计与信息论坛》2014 年第 2 期。

[64] 肖慧敏:《我国国有企业品牌管理的研究》,《商业经济》

2013 年第 8 期。

[65] 肖兴志：《谁更适合发展战略性新兴产业——对国有企业与非国有企业研发行为的比较》，《财经问题研究》2011 年第 10 期。

[66] 肖延高、韦永智：《知识产权的特有属性及其价值研究》，《电子科技大学学报》2011 年第 10 期。

[67] 肖寅华：《我国商标注册制度的反思》，硕士学位论文，华东政法大学，2011 年。

[68] [日] 小野昌延：《商标法概说》，东京：株式会社有斐阁 1999 年版。

[69] 谢小芳、李彭东：《唐清泉市场认同企业的研发投人价值吗？来自沪深股市场的经验证据》，《中国会计评论》2009 年第 3 期。

[70] 谢晓尧：《论商誉》，《武汉大学学报》（社会科学版）2001 年第 5 期。

[71] 徐春明、单晓光：《中国知识产权保护强度指标体系的构建及验证》，《科学学研究》2008 年第 8 期。

[72] 徐聪颖：《论商誉与商标的法律关系——兼谈商标权的自由转让问题》，《政法学刊》2010 年第 1 期。

[73] 徐泓：《创业板上市公司综合素质评价研究》，《甘肃社会科学》2013 年第 1 期。

[74] 徐培源、章燕宝：《行业技术特征、知识产权保护与技术创新》，《科学学研究》2014 年第 6 期。

[75] 许柏桐、毕凌燕、祁明：《现代企业知识产权保护》，中山大学出版社 2007 年版。

[76] 许和连、柒江艺：《国际化行为与企业知识产权保护》，《南开经济研究》2010 年第 3 期。

[77] 薛江阔:《关于我国商标管理制度完善的研究》, 硕士学位论文, 天津财经大学, 2007 年。

[78] 杨静:《"半畝園" 与 "半亩田" 商标侵权案评析——兼议商标注册制度及侵权构成》,《电子知识产权》2009 年第 10 期。

[79] 杨涛:《完善我国知识产权执法衔接机制的法律思考》,《重庆理工大学学报》(社会科学版) 2010 年第 7 期。

[80] 叶明海:《品牌创新与品牌营销》, 河北人民出版社 2001 年版。

[81] 余蓓:《市场竞争力视角的企业商标特质及应用策略研究》,《中国商贸》2011 年第 17 期。

[82] 袁俊:《企业知识产权战略设计与核心竞争力》,《中国工程科学》2004 年第 11 期。

[83] 张超:《广告投入与汽车销量相关性的实证研究——以 2005 年—2007 年中国汽车行业为例》, 硕士学位论文, 苏州大学, 2011 年。

[84] 张杰:《知识产权保护、研发投入与企业利润》,《中国人民大学学报》2012 年第 5 期。

[85] 张俊瑞、张琦、程子健:《企业研发投入、知识产权产出与企业价值创造研究》,《会计论坛》2012 年第 12 期。

[86] 张莉:《企业商标管理及其绩效评价研究》, 硕士学位论文, 四川大学, 2006 年。

[87] 张鸣、王明虎:《对商誉会计理论的反思》,《会计研究》1998 年第 4 期。

[88] 张有绪:《品牌资产模型与测度方法研究》, 博士学位论文, 东北财经大学, 2009 年。

[89] 郑成思:《知识产权价值评估中的法律问题》, 法律出版社 1999 年版。

[90] 郑成思:《知识产权论》, 法律出版社 1998 年版。

[91] 周江燕：《知识产权价值与企业业绩相关性研究——以中国资本市场数据为例》，《湖南社会科学》2012 年第 3 期。

[92] 周黎安、罗凯：《企业规模与创新：来自中国省级水平的经验证据》，《经济学》（季刊）2005 年第 4 期。

[93] 周恬静：《高新技术企业广告传播策略研究》，硕士学位论文，湖南大学，2013 年。

[94] 周孝、冯中越：《声誉效应与食品安全水平的关系研究——来自国驰名商标的经验证据》，《经济与管理研究》2014 年第 6 期。

[95] 宗庆庆、黄娅娜、钟鸿钧：《行业异质性、知识产权保护与企业研发投入》，《产业经济研究》2015 年第 3 期。

[96] 邹薇：《知识产权保护的经济学分析》，《世界经济》2002 年第 3 期。

[97] Aaker D A, Keller K L., "Consumer Evaluations of Brand Extensions", *Journal of Marketing*, Vol. 54, No. 1, 1990.

[98] Aaker D. A., *Managing Brand Equity: Capitalizing on the Value of a Brand Name*, New York: The Free Press, 1991.

[99] Aker D. A., "Measuring Brand Equity Across Products and Markets", *California Management Review*, Vol. 38, No. 3, 1996.

[100] Alden D. L., Batra R., "Brand Positioning Through Advertising in Asia, North America, and Europe: The Role of Global Consumer Culture", *Journal of Marketing*, Vol. 63, 1999 (January).

[101] Ang J., Cheng Y., Wu C., "Does Enforcement of Intellectual Property Rights Matter in China? Evidence from Financing and Investment Choices in the High Tech Industry", *Review of Economics and Statistics*, Vol. 96, 2014.

[102] Arahi H. , "The Facts Behind Japan's Technology Explosion", *Managing Intellectual Property*, Vol. 5, 2000.

[103] Bae S. C. , Noh S. , Multinational Corporations Versus Domestic Corporations: A Comparative Study of R&D Investment Activities [J] . Journal of Multinational Financial Management, 2001, Vol. 11, NO. 1: 89 - 104.

[104] Balachander S, Ghose S. , "Reciprocal spillover effect: A Strategic Benefit of Brand Extensions", *Journal of Marketing*, Vol. 67, No. 1, 2003.

[105] Barney J. , "Firm Resources and Sustained Competition Advantage", *Journal of Management*, Vol. 17, No. 1, 1991.

[106] Barwise P. , "Introduction to the Special Issue on Brand Equity", *International Journal of Research in Marketing*, Vol. 10, No. 1, 1993.

[107] Beckwith N. E. , Lehmann D. R. , "The Importance of Halo Effects in multi-attribute Attitude Models", *Journal of Marketing Research*, Vol. 12, No. 3, 1975.

[108] Bekkers R. , Verspagen B. , Smits J. , "Intellectual Property Rights and Standardization: The Case of GSM", *Telecommunications Policy*, Vol. 26, No. 3 - 4, 2002.

[109] Belderbos R. , Fukao K. , Kwon H. U. , "Intellectual Property Rights Protection and the Location of Research and Development Activities by Multinational Firms", *General Information*, Vol. 97, No. 3, 2006.

[110] Benjam C. , Fabienne O. , "Establishing a New Intellectual Property Rights Regime in the United States Origins, Content and Problems", *Research Policy*, Vol. 31, No. 8 - 9, 2002.

[111] Berthon P., Hulbert J. M., Pitt L. F., "Brand Management Prognostications", *Management Review*, Vol. 40, No. 2, 1999.

[112] Bett S. K., *Competitive Advantage of Dairy Production in Kenya*, Unpublished MBA Project, School of Business, University of Nairobi, 1995.

[113] Bontis N., Booker L. D., Serenko A., "The Mediating Effect of Organizational Reputation on Customer Loyalty and Service Recommendation in the Banking Industry", *Management Decision*, Vol. 45, No. 9, 2007.

[114] Boujelben S., Fedhila H., "The Effects of Intangible Investments on Future OCF", *Journal of Intellectual Capital*, Vol. 12, No. 4, 2011.

[115] Boush D. M, Loken B. A., "process-tracing Study of Brand Extension Evaluation", *Journal of Marketing Research*, Vol. 28, No. 1, 1991.

[116] Broniarczyk S. M., Alba J. W., "The Importance of the Brand in Brand Extension", *Journal of Marketing Research*, Vol. 31, No. 2, 1994.

[117] Brown T. J., Dacin P. A., "The Company and the Product: Corporate Associations and Consumer Product Responses", *Journal of Marketing*, Vol. 61, No. 1, 1997.

[118] Chaudhuri A., Holbrook M. B., "The Chain of Effects from Brand Trust and Brand Affect to Brand Performance: The Role of Brand loyalty", *Journal of Marketing*, Vol. 65, No. 2, 2001.

[119] Chauvin K. W., Hirschey M., "Advertising, R&D Expenditures and the Market Value of the Firm", *Financial Management*, Vol. 22, No. 4, 1993.

[120] Coates T. T., Mcdermott C. M., "An Eploratory Analysis of New Competencies: A Resource Based View Perspective", *Journal of Operations Management*, Vol. 20, No. 5, 2002.

[121] Cobb-Walgren C. J., Ruble C. A., Donthu N., "Brand Equity, Brand Performance, and Purchase Intent", *Journal of Advertising*, Vol. 24, No. 3, 2013.

[122] Cockburn I., Griliches Z., "Industry Effects and Appropriability Measures in the Stock Market's Valuation of R&D and Patents", *American Economic Review*, Vol. 78, No. 2, 1988.

[123] Cull R., Xu L. C., "Institutions, Ownership, and Finance: The Determinants of Profit Reinvestment Among Chinese Firms", *Journal of Financial Economics*, Vol. 77, No. 1, 2005.

[124] Dacin P. A. Brown T. J., "Corporate Branding, Identity, and Customer Response", *Journal of the Academy of Marketing Science*, Vol. 34, No. 2, 2006.

[125] Daniel D. D. Mark Madness: How Brent Musburger and the Miracle bra May Have Led to a More Equitable and Efficient Understanding of the Reverse Confusion Doctrine in Trademark Law", *Virginia Law Review*, Vol. 86, No. 3, 2000.

[126] Das T. K., Teng B. S., "A resource-based Theory of Strategic Alliances", *Journal of Management*, Vol. 26, No. 1, 2000.

[127] Deephouse D. L., Carter S. M., "An Examination of Differences between Organizational Legitimacy and Organizational Reputation Journal of Management Studies", Vol. 42, No. 2, 2005.

[128] Deephouse D. L., "Media Reputation as a Strategic Resource: An Integration of Mass Communication and resource-based Theo-

ries", *Journal of Management*, 2000.

[129] Edey H. C., *Business Valuation, Goodwill and the super-profit method*, Homewood: Riehard D lrwin Inc., 1962.

[130] Ehie I. C., Olibe K., "The Effect of R&D Investment on Firm Value: An Examination of US Manufacturing and Service Industries", *International Journal of Production Economics*, Vol. 128, No. 1, 2010.

[131] Erickson G., Jacobson R., "Gaining Comparative Advantage Through Discretionary Expenditures: The Returns to R&D and Advertising", *Management Science*, Vol. 38, No. 9, 1992.

[132] Fang L. H., Lerner J., Chaopeng W., "Intellectual Property Rights Protection, Ownership, and Innovation: Evidence from China", NBER Working Paper No. 22685, 2016.

[133] Flint D. J., Woodruff R. B., Gardial S. F., "Customer Value Change in Industrial Marketing Relationships: A call for New Strategies and Research", *Industrial Marketing Management*, Vol. 26, No. 2, 1997.

[134] Fombrun C. J., *Reputation: Realizing Value from the Corporate Image*, Boston: Harvard Business School Press, 1996.

[135] Fournier S., "Consumers and Their Brands: Developing Relationship theory in Consumer Research", *Journal of Consumer Research*, Vol. 24, No. 4, 1998.

[136] Galunic D. C., Rodan S., "Resource Recombinations in the Firm: Knowledge Structures and the Potential for Schumpeterian Innovation", *Strategic Management Journal*, Vol. 19, No. 2, 1998.

[137] Cisip I. A., Harun A., "Antecedents and Outcomes of Brand

Management from the Perspective of Resource Based view (RBV) Theory", *Mediterranean Journal of Social Sciences*, Vol. 4, No. 10, 2013.

[138] Gould D. M., Gruben W. C., "The Role of Intellectual Property Rights in Economic Growth", *Journal of Development Economics*, Vol. 48, No. 2, 1996.

[139] Grant R. M., "The resource-based Theory of Competition Advantage: Implication for Strategy Formulation", *California Management Review*, Vol. 33, No. 3, 1991.

[140] Grassl W., "Strategic Brand Management: Building, Measuring, and Managing Brand Equity", *Journal of Consumer Marketing*, Vol. 17, 1998.

[141] Greenhalgh C., Rogers M., "Trade Marks and Performance in Services and Manufacturing Firms: Evidence of Schumpeterian Competition Through Innovation", *Australian Economic Review*, Vol. 45, No. 1, 2012.

[142] Hagelin T., "A New Method to Value Intellectual Property", *American Intellectual Property Law Association Quarterly Journal*, Vol. 30, 2002.

[143] Hall B. H., "The Stock market's Valuation of R&D Investment During the 1980's", *American Economic Review*, Vol. 83, No. 2, 1993.

[144] Hendrikson E. S., "Accounting Theory", Homewood: Richard D Irwin Inc., Fifth Edition, 1992.

[145] Hirschey M., Intangible Capital Aspects of Advertising and R&D Expenditures [J]. Journal of Industrial Economics, 1982, Vol. 30, NO. 4: 375 -390.

[146] Herr P. M., Farquhar P. H., Fazio R. H., Impact of Dominance and Relatedness on Brand Extensions [J]. Journal of Consumer Psychology, 1996, Vol. 5, NO. 2: 135 - 159.

[147] Ho Y. K., Keh H. T., Jin M. O., "The Effects of R&D and Advertising on Firm Value: An Examination of Manufacturing and Normanufacturing Firms", *IEEE Transactions on Engineering Management*, Vol. 52, No. 1, 2005.

[148] Hsu K. T., "The Advertising Effects of Corporate Social Responsibility on Corporate Reputation and Brand Equity: Evidence from the Life insurance industry in Taiwan", *Journal of Business Ethics*, 2012.

[149] Hsu L. T., Jang S. C., "Advertising Expenditure, Intangible Value and Risk: A Study of Restaurant Companies", *International Journal of Hospitality Management*, Vol. 27, No. 2, 2008.

[150] Javorcik B. S., "The Composition of Foreign Direct Investment and Protection of Intellectual Property Rights: Evidence from Transition Economies", *European Economic Review*, Vol. 48, No. 1, 2004.

[151] Johnson L. D., Pazderka B., "Firm Value and Investment in R&D", *Managerial & Decision Economics*, Vol. 14, No. 1, 2010.

[152] Joshi A., Hanssens D. M., "The Direct and Indirect Effects of Advertising Spending on Firm Value", *Journal of Marketing*, Vol. 74, No. 1, 2010.

[153] Kaijalainen P., "R&D Investments: The Effects of Different Financial Environments on Firm Profitability", *Journal of Multina-*

tional Financial Management, Vol. 18, No. 2, 2008.

[154] Kallapur S., Kwan S. Y. S., "The Value Relevance and Reliability of Brand Assets Recognized by U. K. Firms", *The Accounting Review*, Vol. 79, No. 1, 2004.

[155] Kapferer J. N., *The New Strategic Brand Management*, London and Philadelphia: Kogan Page, 2008.

[156] Kausik G., Debasis M., "Does Stronger Protection of Intellectual Property Stimulate Innovation?", *Economics Letters*, Vol. 116, No. 1, 2012.

[157] Keller K. L., Aaker D. A., "The Effect of Sequential Introduction of Brand Extension", *Journal of Marketing*, Vol. 29, No. 1, 1992.

[158] Keller K. L., Lehmann D. R., "Brands and Branding: Research Findings and Future Priorities", *Marketing Science*, Vol. 25, No. 6, 2006.

[159] Keller K. L., Lehmann D. R., *The Brand Value Chain: Linking Strategic and Financial Performance*, Working Paper, Tuck School of Business, Dartmouth College, 2001.

[160] Keller K. L., "Conceptualizing, Measuring, Managing Customer-based Brand Equity", *Journal of Marketing*, Vol. 57, No. 1, 1993.

[161] Keller K. L., *Strategic Brand Management: Building, Measuring and Managing Brand Equity*, London: Prentice Hall, 1998.

[162] Kim M., Yip L., Li Y., Kim Y., "Advertising and Ownership Structures: Evidence from the Emerging Chinese Market", *Academy of Asian Business Review*, Vol. 1, No. 1, 2015.

[163] Kingston W., "Innovation Needs Patents Reform", *Research Policy*, *Vol.* 30, No. 3, 2001.

[164] Kollmer H., Dowling M., "Licensing as a Commercialisation Strategy for New technology-based Firms", *Research Policy*, Vol. 33, No. 8, 2004.

[165] Kolter P., Kevin L. K., *A Frame Work for Marketing Management*, New Jersey: Pearson Education, 2007.

[166] Kotler P., Marketing Management: The Millennium Edition [M]. Prentice-Hall, 2000.

[167] Krasnikov A., Mishra S., Orozco D., "Evaluating the Financial Impact of Branding Using Trademarks: A Framework and Empirical Evidence", *Journal of Marketing*, Vol. 73, No. 6, 2009.

[168] Kwan Y. K., Lai E. L. C., "Intellectual Property Rights Protection and Endogenous Economic Growth", *Journal of Economic Dynamics & Control*, Vol. 27, No. 5, 2003.

[169] Liao pei-cheng, Wong K. Y., "R&D Subsidy, Intellectual Property Rights Protection, and North-South Trade: How Good is the TRIPS Agreement", *Japan and the World Economy*, Vol. 21, No. 2, 2009.

[170] Ma R., Hopkins R., "Goodwill-an Example of puzzle-solving in Accounting", *Abacus*, Vol. 24, No. 1, 1988.

[171] McCarthy J. T., McCarthy on Trademarks and Unfair Competition [M]. Thomson Reuters/West, Forth Edition, 2008, §2: 15.

[172] Mcalister L., Srinivasan R., Kim M. C., "Advertising, Research and Development, and Systematic Risk of the Firm",

Journal of Marketing, Vol. 71, No. 1, 2007.

[173] Mehrazeen A. R., Froutan O., Attaran N., "Establishing the Relationship Between Trademark Valuation and Firm Performance: Evidence from Iran", *International Journal of Economics and Finance*, Vol. 4, No. 6, 2012.

[174] Miller M. C., "Goodwill an Aggregation Issue", *The Accounting Review*, No. 4, 1973.

[175] Moriarty R. T., Kosnik T. J., "High-tech Marketing: Concepts, Continuity, and Change", *Management Review*, No. 30, 1989.

[176] Mukherjee A., He H., "Company Identity and Marketing: An Integrative Framework", *Journal of Marketing Theory and Practice*, Vol. 16, No. 2, 2008.

[177] Nicholas B., John V. R., "Patents, Real Options and Firm Performance", *Economic Journal*, Vol. 112, No. 478, 2002.

[178] Nunes P. M., Serrasqueiro Z., Leitao J., "Is there a Linear Relationship Between R&D Intensity and Growth? Empirical Evidence of non-high-tech vs. high-tech SMEs", *Research Policy*, Vol. 41, No. 1, 2012.

[179] Palmatier R. W., Dant R. P., Grewal D., "A Comparative Longitudinal Analysis of Theoretical Perspectives of Interorganizational Relationship Performance", *Journal of Marketing*, Vol. 71, No. 4, 2013.

[180] Park W. G., "International Licensing and the Strengthening of Intellectual Property Rights in Developing Countries During the 1990s", *Oecd Economic Studies*, No. 1, 2005.

[181] Penrose E. T., *The Theory of the Growth of the Firms*, Oxford: Oxford University Press, 1995.

[182] Peteraf M. A., Barney J. B., "Unraveling the resource-based Tangle", *Managerial & Decision Economics*, Vol. 24, No. 4, 2003.

[183] Peteraf M. A., "The Cornerstones of Competitive Advantage: A resource-based View", *Strategic Management Journal*, Vol. 14, No. 3, 1993.

[184] Peterson R. A., Jeong J., "Exploring the Impact of Advertising and R&D Expenditures on Corporate Brand value and firm-level Financial Performance", *Journal of the Academy of Marketing Science*, Vol. 38, No. 6, 2010.

[185] Pitta D. A., Katsanis L. P., "Understanding Brand Equity for Successful Brand Extension", *Journal of Consumer Marketing*, Vol. 12, No. 4, 1995.

[186] Riel CBMV, Bruggen GHV., "Incorporating Business Unit Managers' Perspectives in corporate-branding Strategy Decision Making", *Corporate Reputation Review*, Vol. 5, No. 2, 2002.

[187] Rindova V. P., Williamson I. O., Petkova A. P., Sever J. M., "Being Good or Being Known: An Empirical Examination of the Dimensions, Antecedents, and Consequences of Organizational Reputation", *Academy of Management Journal*, Vol. 48, No. 6, 2005.

[188] Rungtusanatham M., Salvador F., Choi T. Y., Forza C., "Supply-chain Linkages and Operational Performance: A resource-based-view Perspective", *International Journal of Operations & Production Management*, Vol. 23, No. 9, 2003.

[189] Ryan M. P., "Patent Incentives, Technology Markets and public-private bio-medical Innovation Networks in Brazil", *World*

Development, Vol. 38, No. 8, 2010.

[190] Rylková Žaneta, Chobotová M., "Protection of Intellectual Property as a Means of Evaluating Innovation Performance", *Procedia Economics & Finance*, Vol. 14, 2014.

[191] Samson D., "Intellectual Property Strategy and Business Strategy: Connections Through Innovation Strategy", *Intellectual Property Research Institute of Australia Working Paper*, No. 08/05, 2005.

[192] Sandner P. G., Block J. H., "The Market Value of R&D, Patents, and Trademarks", *Research Policy*, Vol. 40, No. 7, 2011.

[193] Sanyal P., "Intellectual Property Rights Protection and Location of R&D by Multinational Enterprises", *Journal of Intellectual Capital*, Vol. 5, No. 1, 2004.

[194] Sass T. R., Saurman D. S., "Advertising Restrictions and Concentration: The Case of Malt Beverages", *The Review of Economics and Statistics*, Vol. 77, No. 1, 1995.

[195] Sharma P., Davcik N. S., Pillai K. G., "Product Innovation as a Mediator in the Impact of R&D Expenditure and Brand Equity on Marketing Performance", *Journal of Business Research*, Vol. 69, No. 12, 2016.

[196] Smith D. C., Park C. W., "The Effects of Brand Extensions on Market Share and Advertising Efficiency", *Journal of Marketing Research*, Vol. 29, No. 3, 1992.

[197] Smith D. C., "Brand Extensions and Advertising Efficiency: What Can and Cannot be Expected", *Journal of Advertising Research*, Vol. 32, No. 6, 1992.

[198] Smith P. J. , "How do Foreign Patent Rights Affect US Exports, Affiliate Sales, and Licenses?", *Journal of International Economics*, Vol. 55, No. 2, 2001.

[199] Srivastava R. K. , Crosby J. R. , McInish T. H. , Wood R. A. , Capraro A. J. , "Part IV: How do Reputations Affect Corporate Performance? The Value of Corporate Reputation: Evidence from the Equity Markets", *Corporate Reputation Review*, Vol. 1, No. 1, 1997.

[200] Tauber E. M. , "Brand Franchise Extensions: New Product Benefit from Existing Brand Name", *Business Horizons*, Vol. 24, No. 2, 1981.

[201] Thomas McCarthy. , *McCarthy on Trademarks and Unfair Competition*, Vancouver: Thomson/West, Forth Edition, 2008.

[202] Toivanen O. , Stoneman P. , Bosworth D. , "Innovation and the Market Value of UK Firms: 1989 - 1995", *Oxford Bulletin of Economics and Statistics*, Vol. 64, No. 1, 2002.

[203] Torres A. , Bijmoltt H. A. , Tribo J. A. , Verhoef P. , "Generating Global Brand Equity Through Corporate Social Responsibility to Key Stakeholders", *International Journal of Research in Marketing*, Vol. 29, No. 1, 2012.

[204] Torries F. , *Trademark Values in Corporate Restructuring*, Western Economics Association International 82nd Annual Conference. July 1st, 2007.

[205] Turban D. B. , Greening D. W. , "Corporate Social Performance and Organizational Attractiveness to Prospective Employees", *Academy of Management Journal*, Vol. 40, 1997.

[206] Walker K. , "A Systematic Review of the Corporate Reputation

Literature: Definition, Measurement, and Theory", *Corporate Reputation Review*, Vol. 12, No. 4, 2010.

[207] Wang F., Zhang X. P., Ouyang M., "Does Advertising Create Sustained Firm Value? The Capitalization of Brand Intangible", *Journal of the Academy of Marketing Science*, Vol. 37, No. 2, 2009.

[208] Wernerfelt B., "From Critical Resource to Corporate Strategy", *Journal of General Management*, Vol. 14, No. 3, 1989.

[209] Woodruff R. B., Schumann D. W., Gardial S. F., "Understanding Value and Satisfaction from the Customer's Point of View", *Survey of Business*, Vol. 28, 1993.

[210] Yadav N., Swami S., Pal P., "High Technology Marketing: Conceptualization and Case Study", *The Journal for Decision Makers*, Vol. 31, No. 2, 2006.

[211] Yang G., Maskus K. E., "Intellectual Property Rights and Licensing: An Econometric Investigation", *Review of World Economics*, Vol. 137, No. 1, 2001.

[212] Yang G., Maskus K. E., "Intellectual Property Rights, Licensing, and Innovation in an Endogenous product-cycle Model", *Journal of International Economics*, Vol. 53, No. 1, 2001.

[213] Yang L., Maskus K. E., "Intellectual Property Rights, Technology Transfer and Exports in Developing Countries", *Journal of Development Economics*, Vol. 90, No. 2, 2009.

[214] Zeithaml V. A., "Consumer Perceptions of Price, Quality, and Value: A means-end Model and Synthesis of Evidence", *Journal of Marketing*, Vol. 52, No. 3, 1988.

后　记

时光匆匆，转瞬即逝。还记得 2013 年博士研究生一年级第一堂课的情形，面对老师深奥的教学，我是何等的焦虑与煎熬，当时在想这四年的博士学习生活如何度过，哪知现在已经到了 2017 年博士学位论文之后的致谢环节，回首在中央财经大学学习和生活的一千四百多个日日夜夜，有欢笑、有困苦、有奋斗、有辛劳，种种苦乐无从表达。

首先，我要感谢恩师刘红霞教授，在四年的博士研究生学习生涯中，是老师一直鼓励和鞭策着我，一步步将我带入会计学术的氛围中，在老师的教导下，我对学习和科研有了明确的方向和持久的动力，对生活充满着希望和自信。我一直坚信严师出高徒，也庆幸遇到了我的恩师，没有老师耐心的教导和指引，我不会有今天的收获和成绩。在老师的团队中，我体会到了家庭般的温暖，同学们的陪伴和鼓励，让我四年的博士研究生的生活充满了欢声笑语。

其次，我要感谢会计学院的老师们，他们教书育人，在不同的专业领域扩展了我们的学术视野，并在我们遇到困难时给予无私的帮助。他们的努力造就了中央财经大学会计学院的辉煌，为我们提供了良好的学术平台和学术氛围，提升我们的学术能力。

最后，我要感谢我的家人，父母是我能够离家求学最大的后盾，他们无私奉献着自己的一切，照顾我的孩子，安抚我远在他乡焦躁不安的心，父母对我的恩情今生无以为报。我的爱人给予我工作和学习上的支持，在北京陪伴我度过寂寞的读书日子，给予我爱与呵护。我的孩子在四年的光阴中逐渐长大，健康、善良、快乐、活泼，这也是我离家求学四年最大的回报！感谢永远支持我的家人！

2017 年 5 月 25 日于中央财经大学